國家藝術基金 国家艺术基金2024年度传播交流推广资助项目
CHINA NATIONAL ARTS FUND
"彩票公益资助—中国福利彩票和中国体育彩票""国家艺术基金资助"

文化遗产的数字化重塑与艺术再现

宋 黎◎著

吉林人民出版社

图书在版编目（CIP）数据

文化遗产的数字化重塑与艺术再现 / 宋黎著.
-- 长春：吉林人民出版社，2024.5. -- ISBN 978-7-206-20957-4

Ⅰ．K203；J12

中国国家版本馆CIP数据核字第20249VW608号

文化遗产的数字化重塑与艺术再现
WENHUA YICHAN DE SHUZIHUA CHONGSU YU YISHU ZAIXIAN

著　　者：宋　黎
责任编辑：王　丹　　　　　　　　封面设计：吕伟伟
吉林人民出版社出版 发行（长春市人民大街7548号）　邮政编码：130022
印　　刷：河北万卷印刷有限公司
开　　本：710mm×1000mm　　1/16
印　　张：13.75　　　　　　　　字　　数：210千字
标准书号：ISBN 978-7-206-20957-4
版　　次：2024年5月第1版　　　　印　　次：2024年5月第1次印刷
定　　价：78.00元

如发现印装质量问题，影响阅读，请与出版社联系调换。

前　言

　　如今，人们生活在一个信息化、数字化进程飞速发展的时代，其中，文化遗产的数字化重塑与艺术再现是数字技术与文化遗产保护之间相融合的重要表现。这本专著正是在这样的背景下应运而生的，试图通过对相关领域进行深度探讨，为理论与实践提供一个交互的平台。

　　文化遗产的数字化重塑与艺术再现，首先离不开对其背景的认识。第一章，将从宏观的视角对这个主题进行深入探讨。随着科技的飞速发展，特别是计算机与网络技术发展的日新月异，让原本受限于地域、时间、资源的文化遗产得以艺术再现。这种现象的出现，既是时代的必然，也是历史的选择。

　　理论与方法是一切实践活动开展的根本依据。第二章将就此进行详细阐述，这也是本书一个重要的理论支撑部分。本章旨在解析文化遗产的数字化重塑与艺术再现的理论支撑和研究方法，旨在找出在这一领域里如何更好地落实和开展工作的方向和办法。

　　数字时代的来临，为文化遗产价值最大化赋能，也就是第三章将要探讨的主题。如何更好地利用数字技术，使文化遗产能以多视角、多维度、多层次的形式被共享，并赋予文化遗产更强的时代生命力以及如何通过文化遗产的数字化转型，实现其社会效益与经济效益的最大化，都是人们需要思考的问题。

　　技术作为推动事物发展的关键，也是文化遗产的数字化重塑与艺术再现不可或缺的一部分。第四章将深入解读摄影测量技术、3D 数据模型、技术创新等在文化遗产的数字化重塑中的作用,通过它们的具体应用,揭示技术如何引领文化遗产凤凰涅槃。

虚拟现实技术的发展,为文化遗产艺术再现提供了新的路径。第五章将围绕 AR 技术、VR 技术以及人机交互设计在文化遗产艺术再现中的应用进行探讨,试图展现一种更生动、更富沉浸感的文化遗产艺术再现方式。

通过第六章的实例展示,客观体现中国文化遗产重塑与再现的成果。从山东大汶口文化遗址数字化重塑,到敦煌文化遗产数字化保护,再到北京市宣西法源寺文化遗址数字化重塑、北京故宫博物院的文化遗产数字保护,以及江西通天岩石窟造像数字化艺术再现和甘肃黄河文物数字化保护项目等,它们都是理论与实践相结合的具体表现,也是面对未来,积极探索和实践的重要证据。

本书力图通过深入研究和剖析文化遗产的数字化重塑与艺术再现,给读者带来新的认识和启示,同时希望能对学术研究和实践工作产生积极影响。相信数字时代将为文化遗产的传承与保护插上腾飞的翅膀,引领人们共同探索和感知历史和文化的深远与魅力。

目 录

第一章 背景：数字时代为文化遗产继承插上腾飞的翅膀 …… 001
    第一节 文化遗产的数字化重塑的时代背景 …… 003
    第二节 文化遗产的艺术再现的时代背景 …… 012

第二章 理论与方法：一切实践活动开展的根本依据 …… 023
    第一节 文化遗产的数字化重塑与艺术再现的理论支撑 …… 025
    第二节 文化遗产的数字化重塑与艺术再现的研究方法 …… 035

第三章 意义：数字时代赋能文化遗产价值最大化 …… 049
    第一节 实现文化遗产资源多视角、多维度、多层次共享 …… 051
    第二节 赋予文化遗产更强的时代生命力 …… 060
    第三节 助力文化遗产的经济价值最大化 …… 070

第四章 技术：引领文化遗产凤凰涅槃之路 …… 081
    第一节 摄影测量技术：为文化遗产测绘提供新的视角 …… 083
    第二节 3D 数据模型：为文化遗产重塑架起"云梯" …… 089
    第三节 技术创新：让二进制的历史世界变得有模有样 …… 097

第五章 虚拟现实：沉浸式的文化遗产艺术再现 …… 109
    第一节 AR 技术在文化遗产艺术再现中的应用 …… 111

第二节　VR技术在文化遗产艺术再现中的应用 …………… 124

　　第三节　人机交互设计在文化遗产艺术再现中的应用 ……… 136

第六章　展示：综览中国文化遗产重塑与再现的成果 …………… 155

　　第一节　山东大汶口文化遗址数字化重塑 …………………… 157

　　第二节　敦煌文化遗产数字化保护 …………………………… 166

　　第三节　北京市宣西法源寺文化遗址数字化重塑 …………… 173

　　第四节　北京故宫博物院文化遗产数字保护 ………………… 184

　　第五节　江西通天岩石窟造像数字化艺术再现 ……………… 193

　　第六节　甘肃黄河文物数字化保护项目

　　　　　　——以黄河文化数字艺术展为例 …………………… 196

参考文献 ………………………………………………………………… 207

后　记 …………………………………………………………………… 212

第一章　背景：数字时代为文化遗产继承插上腾飞的翅膀

第一章 背景：数字时代为文化遗产继承插上腾飞的翅膀

进入 21 世纪，数字技术的快速发展与全球化进程的深入推进，使人们所处的时代景观发生了翻天覆地的变化。在这个变化中，文化遗产的历史继承借助数字化重塑和艺术再现两种创新方式，赋予了全新的生命力，如同插上了腾飞的翅膀。这个翅膀不仅扩展了文化遗产的空间边界，也使其更好地满足了多元化的社会需求。为了深入探索这种多元化的社会需求，必须从其背后的时代背景入手，深入探讨数字化重塑与艺术再现如何在数字时代中彰显价值，以及背后的推动因素和发展趋势。这样，才能更好地理解和揭示文化遗产在数字时代的历史继承意义及对未来的深远影响。

第一节 文化遗产的数字化重塑的时代背景

人类在对未来进行塑造的同时，始终在寻找和重塑自己的过去。在这个过程中，文化遗产的数字化重塑成为一种重要的手段，它连接了历史与现代、物质与虚拟、本地化与全球化的交点。时代的快速变迁，带动了技术进步的驱动、全球化的推动、社会需求的变化以及保护与利用的平衡等，为文化遗产的数字化重塑提供了丰厚的土壤和广阔的舞台。面对这个复杂而多元的时代背景，如何把握与应对文化遗产的数字化重塑，成为广大学者必须深入思考和探讨的问题。接下来的内容将针对这一主题，进行深入的分析和讨论，期望能为理解和解决这个问题提供一些新的思路和启示。

一、技术进步的驱动

毋庸置疑，科技的突飞猛进是文化遗产的数字化重塑的关键驱动力。云计算、人工智能、物联网等先进技术的发展，为文化遗产的数字化提供了可能。例如，高精度的 3D 扫描技术可以对文物进行全方位的复原，VR/AR 技术可以让人们沉浸式欣赏历史场景，大数据和人工智能技术则可以深入挖掘和分析文化遗产，提供新的研究视角和方法。

（一）高精度扫描技术的驱动

随着数字时代的到来，三维扫描技术的应用极大地推动了文化遗产的数字化重塑。这项技术能够精确复制文化遗产的每一个细节，无论是形状、质地，还是颜色，都可以被详细地记录下来。与传统的摄影和测绘方式相比，这种高精度的扫描技术可以生成更真实、更立体的文化遗产模型。这些高精度的三维模型可以直接用于虚拟展示，人们可以直接通过电脑或者移动设备欣赏文化遗产的精细之处，另外，这些三维模型也可以为研究和修复文化遗产提供参考。在研究过程中，三维模型能够让研究者从各个角度、各个尺度去审视文化遗产，这无疑为研究者提供了极大的便利。在修复过程中，三维模型可以作为重塑的蓝本，使修复者能够根据这个模型进行精确的修复，这使文化遗产的修复效果更为精确、有效。

这些三维模型还可以被保存下来，形成一个数字化的文化遗产库。这个库不仅可以存储这些珍贵的文化遗产，还可以使这些文化遗产能够经受住时间的考验，长久地保留下来。这些高精度扫描技术的驱动力为文化遗产的数字化重塑提供了强大的支持，使文化遗产能够在数字化形式下得到更好的保护、研究和展示，从而赋予文化遗产更强的时代生命力。

（二）VR/AR 技术的驱动

深化理解文化遗产的数字化重塑的时代背景，技术进步的驱动力是绝对不能忽视的一环，其中，虚拟现实和增强现实技术，即 VR 和 AR 技术，所起到的推动作用至关重要。相比于传统的二维展示方式，VR 和 AR 技术提供了一种全新的、沉浸式的体验方式，让人们仿佛置身于历史现场，感受文化遗产所承载的历史与文化。

这种全新的体验方式，无疑极大地增强了文化遗产的吸引力。在虚拟的环境中，人们可以从各个角度、近距离地欣赏文化遗产，甚至可以与之进行一定的交互，这种前所未有的体验，极大地增强了人们对文化遗产的兴趣和认知。同时，这种体验方式为文化教育提供了新的可能。在虚拟现实或者增强现实的环境中，教育者可以通过更生动、更直观的方式，向学习者展示文化遗产的历史背景、艺术价值等，使学习者能够更好地理解和欣赏文化遗产。这种体验方式也极大地拓宽了文化遗产的传播途径。无论是在地理空间上，还是在时间尺度上，VR和AR技术都可以让人们随时随地沉浸在文化遗产的世界中，这无疑极大地增强了文化遗产的传播力。

（三）大数据和人工智能技术的驱动

在数据繁杂的文化遗产中，有时候人眼难以察觉的细微差异和模式，大数据技术能够轻易抓取，人工智能技术则可以从中学习并进行深度的挖掘和分析。这种新的研究视角和方法，为文化遗产研究提供了更大的可能性，能够挖掘更多未被发现的文化遗产价值。例如，对于一组庞大的古籍文献，通过人工智能技术和大数据技术的处理，可以挖掘出其中的词汇频次、语言风格、作者倾向等信息，从而更深入地了解和解读这些古籍的历史背景、作者心态、社会风貌等相关内容。同时，大数据和人工智能技术可以用于文化遗产的自动分类、检索和推荐，以提高文化遗产管理的效率和科学性。大数据和人工智能技术还可以用于优化文化遗产的保护和修复工作。例如，可以通过预测分析，提前预知文化遗产可能出现的损坏情况，从而提前采取措施进行保护和修复。

（四）云计算技术的驱动

作为当代先进技术的产物，云计算具有海量存储空间和强大的计算能力，这为文化遗产的数字化重塑提供了重要的基础设施支持。云计算的出现，打破了地理、设备和时间的限制，让文化遗产数据可以在云端集中存储和处理。这不仅提高了文化遗产的管理和研究效率，还避免了文化遗产因物理损坏、遗失等问题而无法访问的风险。云计算的强大计算能力，也为大数据处理和人工智能分析提供了可能，使文化遗产研究能够从大规模的数据中发现新的规律和价值。

值得注意的是，云计算技术还使文化遗产的服务模式发生了改变。在云计算的支持下，用户可以随时随地访问文化遗产，不论他们身处何地，只要有网络连接，就能接触到世界各地的文化遗产。这使文化遗产的传播和分享更加便捷，极大地提高了文化遗产的传播力和影响力。另外，云计算的应用，为文化遗产的开放性和共享性提供了技术保障。在云端，不同的研究机构和个人可以共享文化遗产数据，共同参与到文化遗产的研究和保护中，这对于推动全人类共同保护和利用文化遗产具有重要的意义。

二、全球化的推动

随着全球化的推进，不同文化的交流和碰撞日益频繁，对各国文化遗产的需求和欣赏也日益增强。数字化重塑不仅能让文化遗产跨越地域的限制，为更多人所了解，也能在更大范围内推动文化的交流和共享。

（一）文化交流的全球化

在全球化的今天，各种文化在全球范围内交织碰撞，使世界各地的文化遗产在交流和互动中得到认可，其价值也逐渐凸显出来。文化遗产数字化的过程正是这一全球化背景下的产物，它使世界各地的文化遗产跨越地域限制，以数字的形式在全球范围内流动。这种流动性打破了传统的地理、语言和文化壁垒，让各国文化遗产以新的形式呈现在全球观众面前，丰富了人们的文化体验，增强了文化遗产的传播力和影响力。数字化的文化遗产，如同一个个流动的文化符号在全球范围内自由流动，被更多人所接触和了解。这使人们能够以前所未有的方式接触其他文化，了解其他文化的历史、传统和价值观，从而促进文化的理解和尊重，推动文化的交流和融合。在全球化的推动下，数字化的文化遗产已经不再是某一个国家或地区的私有财产，而是全人类的共有财富。全球各地的人们，不论年龄、性别、职业和民族，都可以在云端访问文化遗产，从中获得知识和灵感，共享人类的文化成果。

（二）信息流动的全球化

在全球化背景下，信息流动的全球化无疑为文化遗产的传播与研究带来了前所未有的机遇。互联网的迅速发展，特别是数字化技术的广泛应用，使信息的获取和传播无比便捷，形成了一个全球互联、信息畅通的新世界。

文化遗产的每一个新发现、新研究，都可以通过互联网在全球范围内快速传播，使全世界的研究者和公众可以第一时间获取最新的信息和研究成果。这不仅使文化遗产的研究步伐加快，也使更多的人有机会了解文化遗产的魅力，感受文化遗产的价值。在此期间，由于互联网的发展，各类在线博物馆、数字图书馆和数据库等应运而生。这些平台汇聚了来自全球各地的文化遗产资料，包括图像、文字、声音等形式，为全球用户提供了丰富的学习资源和研究材料。同时，这些平台极大地推动了文化遗产的传播。任何人，只要有互联网连接，无论身处何地，都可以轻易接触到这些文化遗产，了解它们的历史、文化和艺术价值。这无疑大大增强了文化遗产的生命力，使它们在新的时代背景下焕发生机。

（三）经济活动的全球化

全球化的经济活动在许多方面激发了文化遗产的活力，让文化遗产有了更多的商业化可能。借助数字化工具和网络技术，文化遗产的利用范围得到了极大的拓宽。无论是文化遗产的数字化产品销售，还是文化遗产的旅游推广，都借助全球化的经济活动，创新地推动了文化遗产的传播和保护。特别是互联网电商的兴起，使文化遗产的数字化产品迅速传播到全球各地。这些产品可以是以文化遗产为主题的游戏、电影，也可以是以文化遗产为元素的设计产品。通过网络销售，文化遗产的影响力和价值得以传递到全球的每一个角落，让更多的人有机会接触并了解这些文化遗产，增强其在全球范围内的认知度和影响力。文化遗产也借助数字化的方式积极参与到全球的旅游市场。例如，利用虚拟现实技术制作的文化遗产进行虚拟化的旅游，可以让人们无须出门，就能体验到身临其境的文化遗产之旅。这种全新的旅游形式不仅给游客带来了新奇的体验，也给文化遗产带来了新的商业价值。它也使文化遗产在全球范围内得到了更广泛的传播，大大增强了文化遗产的生命力。

（四）技术发展的全球化

全球化的技术发展正在强劲推动着文化遗产数字化的进程。科技研发的成果在全球范围内迅速传播，各地的文化遗产都可以借助这些先进的技术进行数字化，从而实现全球范围内的文化遗产保护和利用。这种全球化的技术交流，进一步加速了文化遗产数字化的步伐，也使文化遗产的价值在更大的范围内得以体现。全球各地的科研机构和技术公司都在积极推动文化遗产数字化技术的研发。无论是高精度的三维扫描技术，还是沉浸式的虚拟现实技术，抑或是能够挖掘大数据价值的人工智能技术，都在全球范围内得到了广泛的应用。这些技术使文化遗产的数字化成为可能，且以前所未有的方式展现了文化遗产的独特魅力。

文化遗产的数字化也使文化遗产的保护工作更加精确和高效。高精度的三维模型可以精确复制出文化遗产的每一个细节，为文化遗产的修复和复原提供了重要参考。沉浸式的体验方式则使公众能够更深入地了解和欣赏文化遗产，进一步提升文化遗产的传播力。同时，云计算技术提供了强大的基础设施支持，为文化遗产的数字化存储和处理提供了可能。这些技术的应用使全球的用户能够通过网络访问到文化遗产的信息，也为全球的研究者提供了便捷的研究工具，使全球的文化遗产得到了更好的保护和利用。

三、社会需求的变化

在现代社会，人们对文化消费的需求正在发生变化，越来越多的人开始关注和欣赏文化遗产。这种变化推动了文化遗产的数字化重塑的需求。而数字化重塑则能以更符合现代审美、更便捷的方式满足这些需求，比如，通过数字博物馆、虚拟旅游等方式，使公众在家中就能欣赏到世界各地的文化遗产。

（一）学习与教育的需求变化

在快速发展的社会中，人们对于历史与文化知识的渴望愈发强烈。传统的文化遗产成为获取这部分知识的宝贵渠道，而数字化技术的崛起，使文化遗产以更生动、更直观的形式展现在学习者面前。文化遗产的数字化重塑使传统的学习和教育方式发生了革新，也使学习者能够以更富有感染力的方式接触到这些宝贵的文化资源。

具体而言，高精度扫描技术、虚拟现实和增强现实技术的应用，使学习者可以直观地感受到文化遗产的魅力。例如，学习者可以通过虚拟现实技术置身于历史现场，感受历史的气息，也可以通过高精度的三维模型，仔细研究文化遗产的每一个细节。这种全新的学习方式，无疑可以极大地提高学习者的学习兴趣和效果。大数据和人工智能技术的应用可以从大量的文化遗产数据中提取有价值的信息，从而为教育研究提供新的视角和方法。例如，研究者可以通过人工智能技术发现文化遗产中的隐藏规律，为学习者提供更深入的学习内容。同时，云计算技术的应用可以提供海量的存储空间和强大的计算能力，为文化遗产的数字化教育提供了基础设施支持。学习者可以在任何地方、任何时间，通过网络获取文化遗产的信息，这大大满足了现代社会人们对于便捷、高效的教育资源的需求。

（二）生活品质的需求变化

在繁忙的现代生活中，人们越来越重视精神文化生活的丰富性与多元性，寻求在生活品质的提升中获得内心的满足和安宁。文化遗产的数字化重塑便应运而生，其以一种新颖的方式，通过电子设备将人们与世界各地的历史文化相连接，进一步拉近了人与历史文化的距离。人们可以在家中沉浸在一个虚拟的古代城市中，也可以在电子设备上欣赏一部独特的历史纪录片，还可以在虚拟现实中体验古代人的生活，在这种全新的互动体验中，人们可以感受到历史文化所带来的魅力，使自身的精神文化生活更加丰富多彩。同时，通过数字化重塑的文化遗产可以突破物理空间的限制，让更多人有机会接触到过去看似遥不可及的历史文化，使人们的生活变得更加丰富多彩。这种生活品质的提升，不仅提高了个体的生活满意度，也对整个社会的和谐稳定产生了积极影响。因此，文化遗产的数字化重塑已经成为现代社会人们追求生活品质，满足精神文化需求的重要途径之一。

（三）文化保护的需求变化

以往文化保护的需求主要体现在文物和遗址本身，强调通过各种渠道让人们感受到保护传统文化的重要性。随着现代社会发展进程的不断加快，全社会对于文化保护的需求主要体现在保护过程的便捷性以及呈现方式的多样性和创新性两方面。而这也充分说明在文化保护过程中，全社会的需求要以先进的技术手段作为支撑满足社会精神生活的需要。通过以上论述观点不难发现，传统意义上的文化保护过程在需求方面具有一定的传统性（物质生活层面），而当代文化保护的需求则体现出现代性（精神生活层面），这正是文化保护需求变化的具体表现。

（四）经济发展的需求变化

当前经济全球化进程不断加快，在此过程中，文化遗产价值的体现不仅局限于历史和文化意义，它的经济价值也越来越受到重视。对文化遗产进行数字化重塑，就能在诸多领域中发挥它的重要作用，为推动经济发展提供强大动力，满足现代社会对经济发展的需求。文化旅游是一个展现文化遗产经济价值的重要领域。通过文化遗产的数字化重塑，游客可以随时随地利用手机或其他电子设备欣赏这些宝贵的文化遗产，使文化旅游的体验更加丰富和便捷。这种丰富性与便捷性使更多人愿意参与到文化旅游中，大大推动了文化旅游业的发展。

还有一点不可否认，即数字化的文化遗产可以用于电影、游戏、动漫等娱乐产品中，大大丰富了产品的内容，吸引了更多的消费者。同时，这些产品的销售能产生大量的经济效益，从而推动文化产业的发展，并且教育领域也能从中受益，对文化遗产的数字化处理可以提供丰富的教育资源，增强教育的趣味性和效果。这充分说明了文化遗产的数字化重塑不仅使文化遗产得以在全球范围内传播，提升了其影响力，也使文化遗产得到了有效的保护，避免了因自然灾害或人为因素造成的损失，这无疑也带来了巨大的经济价值。

四、保护和利用的平衡

文化遗产的保护和利用一直是一个需要考虑的问题。过度利用可能会对文化遗产本体造成损害，而仅对其保护又无法发挥其社会价值。数字化重塑正好提供了一种解决方案，既能保护好文化遗产，避免其被过度使用，也能让更多人了解和欣赏文化遗产，实现保护和利用的平衡。

（一）物理保存与数字化记录的平衡

对于文化遗产而言，原始的物理形态具有不可替代的价值，它们承载了历史的痕迹、见证了历史的变迁。为此，维护文化遗产的物质性、尽可能保存其原始的物理形态，就成为一项必不可少的任务。要想完成这项任务，不仅要尽可能避免因人为操作或自然因素导致的损害，还要对其进行合理的管理和维护，防止其随着时间的推移而产生自然磨损。

然而，现代科技为人们提供了更多的可能性。通过数字化工具，可以以更少的对原始文化遗产的物理接触获得更多的信息。例如,利用三维扫描技术,建立文化遗产的精确三维模型,再结合高清摄像和录音设备,创建音频和视频记录,这些都为文化遗产提供了全新的展示方式,大大丰富了其表现形式。同时,利用现代的虚拟现实技术,甚至可以模拟出文化遗产所处的历史环境,使人们能够更加直观地感受历史的气息,体验历史的魅力。通过这些方式,文化遗产的数字化不仅能让更多的人接触到这些宝贵的历史遗产,了解并学习其所蕴含的历史文化知识,而且能有效地保护这些文化遗产,使其长久地保存下来。可见,这种方式使保护和利用之间达到了一种新的平衡,使文化遗产既能得到良好的保护,又能更好地发挥其价值,更好地服务于社会。

(二)传统文化与现代技术的平衡

传统文化,如同时间的印记,包含着深远的历史信息与丰富的人文情感。尊重和保护传统文化,维护其原始的魅力和内涵,是对历史的敬畏,也是对先人智慧的尊重。无论何时,这都应是文化遗产保护的基本原则。但是,纯粹的保护并不能让文化遗产真正发挥其价值。文化遗产不应仅仅是封存在博物馆里的静态展品,而应活在现在、影响着现在、服务于现在。因此,需要运用现代技术,为文化遗产注入新的活力。通过数字化技术,将文化遗产转化为可以被广泛传播的数字资源,从而让更多的人接触它、理解它、爱上它。然而,运用现代技术并不意味着对原始文化的忽视或改变。相反,只有在尊重原始文化的基础上,才能真正发挥现代技术的优势。通过数字化技术,可以在保留原始文化魅力和内涵的同时,创新展示方式,提升其吸引力,让更多的人因此而被吸引,从而更深入地了解和理解它。这种平衡不仅使文化遗产得到更好地保护和更广泛地传播,也使人们能更深入地了解和欣赏它,真正体验它的魅力和价值。

(三)公共开放与专业研究的平衡

在过去,对于文化遗产的欣赏和研究往往存在一定的隔阂,大众与专家各自在不同的层次和视角上理解和解读文化遗产。随着数字化技术的引入,这种隔阂正在被逐渐打破。借助数字化技术,文化遗产以前所未有的方式被公众所接触和理解。无论是三维模型、虚拟现实等高科技展示手段,还是海量的数字资源、网络平台等便捷获取渠道,都让公众有了更直观、更全面的体验方式,不论何时何地,只需掌中一机,就能游历文化遗产,领略历史风情。与此同时,数字化技术也为专业人士提供了更精准、更便捷的研究工具。无论是精确到毫米的三维扫描,还是海量的原始数据资料,都为专业研究提供了重要的支持。有了这些工具,专业人士可以更深入地了解文化遗产,从更多角度和层面上对其进行研究和解读。所以借助数字化技术,大众的欣赏和专家的研究得以在相互促进中找到平衡。这种平衡不仅使文化遗产更广泛地被认识和欣赏,也使其在科学研究、社会教育等领域中发挥更大的价值。

(四)经济效益与文化价值的平衡

文化遗产是历史与文化的重要载体,其内含的文化价值无法用金钱衡量,而此时的重构,旨在尊重、传承这种无可替代的文化价值。然而不能忽视的是,文化遗产同样拥有巨大的经济潜力。一方面,其本身是旅游、教育、娱乐等产业的重要资源,能够带来直接的经济效益;另一方面,其所体现的历史文化价值能够提升相关产业的品牌价值,产生间接的经济效益。

在追求经济效益的同时,必须始终坚守文化价值底线,尊重文化遗产的原始性和独特性,避免过度商业化。这是因为,一旦过度追求经济利益,忽视了文化遗产的内在价值,就可能导致文化遗产贬值,甚至造成不可逆的损失。所以,在文化遗产的数字化重塑过程中,要寻求经济效益与文化价值的平衡。在尊重和保护文化价值的基础上,适度开发文化遗产的经济潜力,使其在带来经济效益的同时,为社会带来丰富的文化享受,为人们的精神生活提供养分。这样一来,既能保证文化遗产的长期生存,也能让其在现代社会中焕发新的活力。

第二节 文化遗产的艺术再现的时代背景

21世纪,视觉文化的兴起、数字化技术的发展、全球化的推动以及多元化的社会需求等因素相互交织在一起,共同塑造了一个复杂而又独特的时代环境。在这个环境中,文化遗产的艺术再现不仅承载了历史的记忆,也成为表达现代审美、传递价值观、满足精神需求的重要方式。然而,要充分理解和评估这种现象,就必须深入探讨并准确把握这一时代背景下的各种影响因素。因此,通过全面梳理和深入剖析视觉文化的兴起、数字化技术的发展、全球化的推动和多元化的社会需求等方面的变化,有助于广大学者从宏观和微观的视角,对文化遗产的艺术再现在现代社会中的角色和价值有更深入、更全面的理解,研究的总体思路如图1-1所示。

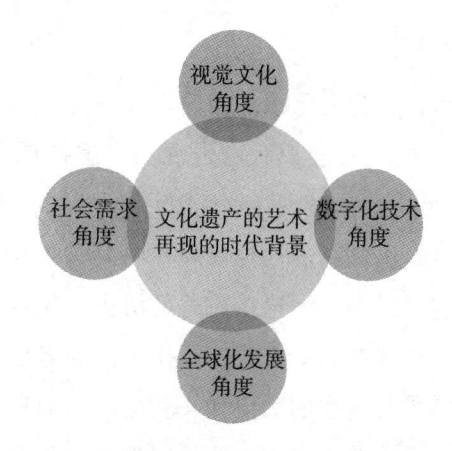

图1-1 文化遗产的艺术再现的时代背景

一、视觉文化的兴起

在当今视觉文化盛行的社会,图像在信息传递中的作用日益凸显。在这样的背景下,文化遗产的艺术再现则更具吸引力,可以有效吸引公众的目光,增强其传播效果。

(一)视觉传播力的强化

在视觉文化兴起的背景下,文化遗产的艺术再现的传播力确实得到了显著增强。随着社会的不断进步,越来越多的人开始意识到视觉信息在传播中的重要性。视觉元素的丰富性和直观性使人们对视觉信息的接收和处理能力远高于其他类型的信息。这不仅是因为视觉信息更易于理解,也是因为视觉信息能更好地引发人们的情感反应,从而为其留下更深刻的印象。

对于文化遗产来说，艺术再现就是利用这种视觉信息的传播优势，通过艺术化的方式展现文化遗产，使之更具吸引力。例如，通过绘画、雕塑、摄影等艺术形式，以及现代技术如 3D 建模、虚拟现实等，都可以将文化遗产以全新的视觉形象呈现出来，从而抓住观者的注意力，强化其传播效果。与此同时，艺术再现的文化遗产也能以更生动、更具感染力的形式展示文化遗产的历史和文化内涵，帮助观者更好地理解和欣赏文化遗产。这一点对于提升文化遗产在社会中的认知度和影响力具有重要作用。

（二）视觉体验的丰富

视觉文化的发展和普及为文化遗产的艺术再现注入了新的活力。各种新的视觉表现手法的出现，如三维建模、增强现实、虚拟现实等，为文化遗产的艺术再现提供了更多元的视觉表现手段，让观者可以从多角度、多层次欣赏和理解文化遗产。通过这些创新的视觉表现手法，文化遗产可以被再现成一个立体、生动、丰富的视觉世界。无论是遥远的历史文化景象，还是精美的艺术品，都可以通过这些手法以全新的方式展示出来。观者如同置身其中，从各种角度欣赏文化遗产，感受其内在的历史和文化韵味。而且，这些视觉表现手法不仅可以满足观者对视觉体验的需求，还可以在某种程度上帮助观者对文化遗产的历史背景、文化内涵等有更深入地理解。例如，虚拟现实技术可以构建一个历史环境，让观者仿佛亲身经历，从而更好地理解文化遗产的历史背景。还有一点不可否认，这些新的视觉表现手法有助于提高文化遗产的保护水平。比如，通过数字化技术，可以精确记录文化遗产的物理特征，为文化遗产的保护和研究提供重要的数据支持。

（三）视觉审美的提升

视觉文化的兴起与发展，伴随着人们视觉审美能力的日益提升，对文化遗产的艺术再现的欣赏程度也愈加深厚。电影、摄影、艺术装置等形式丰富的视觉艺术，为人们提供了独特的审美体验，同时引领并塑造了公众的审美趣味以及对美的追求和理解，从而对艺术再现的文化遗产产生更深的理解和感知。

随着当代人们视觉审美意识的提升，人们不再满足于表面的视觉享受，而是希望能透过艺术再现的文化遗产，去寻找并理解其背后的历史和文化含义。这种对美的深度理解和感知，使文化遗产的艺术再现得到了更广泛的认可和欣赏。这一趋势进一步推动了文化遗产的艺术再现的进程。为了满足公众日益成熟的视觉审美需求，越来越多的文化遗产开始进行艺术再现。艺术家通过精心设计，利用现代科技手段，将文化遗产转化为具有艺术价值的视觉作品，以此向公众传达文化遗产的内涵和魅力。这也充分说明人们视觉审美的提升不仅促进了文化遗产的艺术再现的发展，也提升了人们对文化遗产的保护意识。艺术再现的文化遗产，不仅是艺术作品，更是历史的见证和文化的传承，它们值得被更多人欣赏、理解和尊重。

（四）视觉化的学习和传承

视觉化的兴起为学习和传承文化遗产开创了新的途径。以视觉为主的学习模式更加直观和生动，使艺术再现的文化遗产能够以更具吸引力的方式传达给公众。复杂的历史知识和文化信息通过艺术化的视觉呈现，可以使人们更容易理解和接受。正因如此，传统的文化遗产以全新的形式呈现在人们眼前，不仅丰富了视觉文化，也推动了文化遗产的普及和传承。以往文化遗产的学习和传承主要依赖文字和语言，现在则可以通过视觉的方式直接呈现，使复杂的历史和文化信息能够以精练且富有表现力的形式表达出来。这样的转变，使文化遗产的普及和传承更加容易，且更能吸引公众的参与。视觉化的文化遗产呈现方式，使人们无须专业的历史知识或者艺术素养就能领略到文化遗产的魅力，触发了人们对文化遗产的好奇心和探索欲，也让更多人有机会深入了解和欣赏文化遗产。在此过程中，文化遗产不仅得到了传承，也得到了更新和发展。新的艺术再现方式将文化遗产与现代生活联系起来，使其不仅是过去的历史，更是生活的一部分。这也使文化遗产在社会中的地位和影响力得到了进一步的提升。

二、数字化技术的发展

当代数字化技术的进步为文化遗产的艺术再现提供了可能。三维建模、虚拟现实、增强现实等技术可以创新地展示文化遗产，提供了一种全新的艺术表现形式。

（一）多元化展示的可能

数字化技术的发展正将传统的文化遗产呈现方式推向新的高度。从三维重构到虚拟现实，诸多技术都为文化遗产的艺术再现提供了新的可能性，从而让人们能以更丰富和创新的方式感知和理解文化遗产。

数字三维重构技术可以复原历史上的建筑和艺术品，将已经消失或者破败的文化遗产恢复到原本状态。无论是古建筑的精细雕刻，还是艺术品的细腻纹理，都能通过三维重构技术精确再现，为人们提供近乎真实的视觉感受。而虚拟现实技术则进一步扩大了文化遗产艺术再现的空间，不仅可以使人们在虚拟空间中亲身体验历史场景，还可以通过交互式的设计，让人们亲手操作，仿佛真正地置身于历史之中。这种沉浸式的体验不仅让人们有了更深的感知，也让文化遗产的故事更加生动传神和引人入胜。

正是由于数字化技术的发展，文化遗产的艺术再现才能以更加多元化的方式呈现出来。它不仅满足了人们对视觉体验的需求，也为文化遗产的传承和普及开辟了新的道路。无论是学者还是公众，都能从中找到新的理解和欣赏文化遗产的方式，这也为提升文化遗产的价值和影响力提供了新的动力。

（二）精细化再现的实现

数字化技术正在改变文化遗产再现的方式，为精细化再现提供了可能。借助这项技术，每一处细节都能得到精确记录和展示，无论是文化遗产的外在形态，还是内在结构特征，都能被一一捕捉并呈现出来。借助高精度扫描和三维建模技术，文化遗产的形状、大小、纹理等物理特性都能精确复制，而且无论是再现的规模还是精度，都比传统方式更加优秀。这种精细化再现不仅能让观众更直观地欣赏文化遗产，也提供了更生动的艺术效果。

对于科研人员来说，精细化再现为深入研究提供了更多的可能性。比如，通过对文化遗产进行精确的测量和模拟，可以深入了解其制作技艺，甚至推测出其背后的文化和历史背景。对于那些因时间或自然因素而遗失或破损的文化遗产，凭借数字化技术实现的精细化再现更是提供了重要的研究资源。除此之外，精细化再现对于文化遗产的保护和传承也具有重要意义。借助数字化技术，文化遗产可以得到有效保存，防止其受时间和自然因素的影响而产生

第一章　背景：数字时代为文化遗产继承插上腾飞的翅膀

损失。而且，通过网络传播，精细化再现的文化遗产还可以让更多人接触和了解，从而更好地推动文化遗产的传播和传承。

（三）全球化分享的便捷

在数字化技术的推动下，文化遗产的艺术再现得以跨越地域限制，实现全球化的分享。现如今，只需要一台电子设备和网络连接，就能让世界各地的人们感受文化遗产的魅力，不必身处历史现场，就能欣赏到不同文化的艺术精髓。这种全球化的分享带来的影响是深远的，文化遗产以其独特的魅力、丰富的含义和深远的影响触动着人们的心灵、启迪着人们的思想。如今，这种影响力已经超越了地域、语言和文化的界限，成了全人类的精神财富。在网络世界里，任何人都有机会欣赏这些美丽而深邃的艺术品，体会跨越时空的艺术魅力。全球化的分享极大地拓宽了文化遗产的传播途径，借助数字化技术，艺术再现的文化遗产可以快速传播到世界各地，不仅能在短时间内触及更多的人，也使文化遗产的传播更公平、更开放。在这个过程中，文化遗产的价值得到了更广泛的认可，也为文化遗产的保护和传承提供了强大的支持。全球化的分享还为文化交流和互鉴提供了新的平台。通过对各地文化遗产的欣赏和理解，人们可以增进自身对不同文化的理解和尊重，促进文化的交流和融合，使人类的多样性和共同性得到充分展现。

（四）参与性体验的增强

文化遗产的艺术再现在数字化技术的支持下，正在开启一个新的参与性体验时代。与以往静态的欣赏形式不同，现在的观众可以更加主动地与文化遗产进行互动，体验它的独特魅力。这种参与性体验在提升观众对文化遗产欣赏的深度和广度上起到了至关重要的作用。借助数字化技术，人们可以多维度、全方位地接触和理解文化遗产，这种体验方式更加直观且具有感染力。比如，利用虚拟现实、增强现实等技术，可以让人们仿佛置身于历史现场，亲身体验历史的痕迹，感受历史的魅力。此外，通过交互式的展示方式，人们还可以对文化遗产进行深入探索，体验其丰富的历史和文化内涵。

不仅如此，参与性体验也极大地提升了文化遗产的吸引力。通过参与其中，人们可以更深入地理解和欣赏文化遗产，这种理解和欣赏不仅仅局限于表面的视觉美感，还涵盖了其背后深厚的历史和文化内涵。这样的体验方式，使文化遗产的欣赏不再是单向的传递，而是变成了一种双向的互动，观众在参与的过程中得到了更丰富的精神享受，文化遗产的价值也得到了更好地体现和传播。参与性体验的增强，也推动了文化遗产的保护和传承。观众在参与过程中，自然会产生对文化遗产的认同和尊重，这为文化遗产的保护和传承提供了坚实的社会基础。通过参与性体验，人们对文化遗产有了更深的理解和感悟，这也为文化遗产的创新和发展提供了新的视角和可能。

三、全球化的推动

在全球化进程中，各种文化的交流和融合成为一种趋势，各地的文化遗产在全球范围内得到了展示和传播的机会。文化遗产的艺术再现可以跨越语言和文化的障碍，让更多人欣赏和理解。

（一）文化交融的趋势

全球化的推动如同巨大的洪流，带动着各种文化在全球范围内碰撞和融合，从而形成新的艺术形式和审美标准。对于文化遗产艺术再现而言，这种全球化背景下的文化交融趋势提供了新的视角和思考维度。不再局限于本土化的表达，艺术再现的文化遗产开始拥抱全球视野下的多元化元素，包括各种不同的艺术表达手法以及来自不同文化背景的审美观点。这种开放和包容的态度，无疑大大增强了文化遗产艺术再现的创新性和吸引力。

全球化的推动意味着世界各地的文化有机会共享同一个舞台，进行对话和交流。这种交融趋势使文化遗产艺术再现得以吸收多元文化元素，形成独特的艺术风格和表达方式。同时，这种交融的过程激发了创新的火花，使文化遗产艺术再现在保持传统魅力的同时，展现出新的活力和可能。另外，全球化的推动也使文化遗产艺术再现得到了更广泛的传播和认同。各种文化在全球范围内的流动和交融，使艺术再现的文化遗产得以跨越地域限制，被全世界的人们所认识和欣赏。这种全球视野下的认同和欣赏，无疑为文化遗产艺术再现提供了强大的动力和源泉。

（二）全球视野的呈现

在全球化的推动下，人们开始用全球视野去理解和欣赏文化遗产的艺术再现，这种开阔的视野既弥补了地域性的限制，也拓宽了人们对文化遗产的理解和接纳。无论是亚洲的古老文明，还是欧洲的历史建筑，抑或是非洲的民族文化，都可以通过艺术再现的方式展示在人们的眼前，让人们能够在更大的范围内感受文化遗产的魅力和价值。

全球视野的呈现不仅使人们接触到更多元化的文化遗产，也使艺术再现的方式更具多样性和创新性。各种文化背景下的艺术表达手法和审美观念都可以融入文化遗产的艺术再现，使文化遗产不仅保持了原有的特色和价值，也增加了新的元素和意义，满足了不同地域和文化背景下人们的审美需求。这种全球视野的呈现，还显著增强了文化遗产艺术再现的影响力和传播力。通过网络平台、艺术展览、教育推广等方式，艺术再现的文化遗产得以跨越地域限制，被全世界的人们所关注和欣赏。而这种全球范围内的传播和影响，无疑为文化遗产的保护和传承提供了重要的支持和动力。

（三）多元化的消费者群体

全球化的步伐让不同的文化遗产得以交叉传播，向世界的每个角落展示独特的魅力。这种广泛的交流与传播，汇聚了多元化的消费者群体。这个群体由不同年龄层、不同社会经济背景、不同文化取向的人群组成，其对文化遗产艺术再现的方式和内容展现了丰富多样的需求和口味。在追求独特体验的年轻一代中，他们希望在欣赏文化遗产的同时，获得新颖、独特的艺术体验。对于历史文化深感兴趣的人群，他们渴望在艺术再现中寻找到历史的痕迹，感受到文化的深厚底蕴。对于追求艺术审美的人群，他们期望在文化遗产中发现新的艺术元素，以满足自身的审美需求。这种多样化的需求，推动了文化遗产艺术再现的创新和发展。创作者需要根据不同的消费者群体，灵活运用各种艺术手法，将文化遗产的独特价值与现代审美观念相结合，创造出新颖独特、富有吸引力的艺术再现作品。这种创新不仅提升了文化遗产的艺术表现力，也使各种文化遗产在艺术再现中得到更好地传播与传承。

(四)全球性的保护意识

全球化的推动使人们对文化遗产的认识达到了前所未有的深度和广度,意识到每一处文化遗产都是人类的共同财富,都值得尊重和保护。这种全球性的保护意识使人们更加关注文化遗产的保护,更加珍视每一处文化遗产的独特价值。

不可否认的是,这种全球性的保护意识在一定程度上推动了文化遗产的艺术再现的发展。创作者开始更加注重以艺术的形式呈现文化遗产的独特价值,并以此传播和推广文化遗产的保护意识。他们用心挖掘文化遗产的深厚内涵,用艺术的手法再现其独特的魅力,旨在使人们在欣赏艺术再现作品的同时,能深入理解和感受文化遗产的价值。在此期间,他们也会注重保持文化遗产原有的特色,尽可能地在艺术再现中还原其原本的面貌。这是出于对文化遗产的尊重,也是为了更好地传播其独特的历史和文化信息。这种做法不仅有助于提升艺术再现的质量,也有助于加强人们对文化遗产保护的认识。

四、多态性的社会需求

随着社会的进步,公众对文化消费的需求也日益多元化。人们不再满足于传统的文化体验,而是期待更加深刻和个性化的体验。文化遗产的艺术再现正好满足了这种需求,可以为人们提供更丰富和独特的文化体验。

(一)个性化需求

社会的进步促使人们对艺术和文化的认知及欣赏越发深入,需求也变得越来越多元化和个性化。在文化遗产艺术再现方面,单一、传统的方式已无法满足现代人的精神需求。人们期待在欣赏的过程中,发现与自己审美观念和个性喜好相符的元素,找到与自身情感共鸣的体验。这种个性化需求催生了新的创新,为文化遗产的艺术再现提供了更广阔的空间。创作者在探索如何将文化遗产以艺术的形式再现时,不再局限于传统的方式,而是开始寻找新的创意和表达方式,尝试融入更多个性化的元素,以满足现代人的多元化和个性化需求。

如此一来,文化遗产的艺术再现就变得更丰富多样,每一件作品都带有独特的艺术风格和创意,既展现文化遗产的独特价值和内涵,又符合现代人的审美需求。这种创新不仅满足了人们的个性化需求,也推动了文化遗产的艺术再现的发展,使文化遗产的传播和传承更加生动有趣,更能引起人们的共鸣和关注。

(二)娱乐化需求

在日常生活中,娱乐已然嵌入其中,成为人们释放压力、寻找快乐的重要方式。在这样的背景下,人们对文化遗产的艺术再现的期待也开始发生转变,不仅注重知识的获取,还注重在欣赏过程中能否得到愉悦的体验。这种娱乐化需求影响着文化遗产的艺术再现方式,使其向更加生动有趣的方向发展。展示形式不再局限于传统的平面和静态展示,而是更加注重视觉、听觉、触觉等多重感官的体验,甚至运用最新的科技如虚拟现实、增强现实等技术,让观众可以多角度、全方位地感受文化遗产的魅力。在内容设计上,也会充分考虑观众的娱乐化需求,增加互动、游戏化的环节,让观众在体验中与文化遗产产生更深的联系,感受到欣赏文化遗产的乐趣。还有一点不可否认,这种变化不仅满足了人们的娱乐化需求,也使文化遗产的艺术再现更加吸引人,能够进一步引发观众的参与和互动,从而增加文化遗产的影响力和传播力。这是对文化遗产艺术再现的积极推动,让更多人在愉悦的体验中了解和接触文化遗产,感受其内在的艺术价值和历史内涵。

(三)教育化需求

对于文化遗产的艺术再现,人们的期待已经超越了单纯的审美体验,开始渴望通过艺术再现,深入学习和理解历史文化。这样的教育化需求,像磁石一样吸引着文化遗产的艺术再现向着教育功能更强的方向发展,促使它不仅要给观众带来视觉的享受,还要传递丰富的历史和文化知识。在实现这一目标的过程中,艺术再现需要精心设计,注重历史和文化信息的准确性,强调故事性和情境感,以吸引人们的注意力,引发他们的思考和探究。比如,艺术家可能将历史事件、传统习俗、重要人物等元素融入作品,再结合现代艺术表现手法,使文化遗产的历史和文化信息更具吸引力。

针对教育化需求对于文化遗产的艺术再现的推动力,表现在它帮助人们更深入地理解文化遗产，提高他们的文化素养，拓宽他们的知识视野。同时，艺术再现也因此得到了更多的关注和认可，其影响力和价值得到了进一步提升。教育化需求和艺术再现之间形成的良性互动，为文化遗产的传播和保护提供了更多的可能。

（四）互动性需求

伴随着社交媒体的普及，观众习惯于互动式的体验方式，这改变了他们对文化遗产的艺术再现的期待。观众不再满足于被动地欣赏，他们期望更深入地参与，成为艺术再现的一部分，亲身感受文化遗产的独特魅力。互动性需求对文化遗产的艺术再现具有强大的推动力，它促使艺术再现必须在观众参与度和互动性上做出创新。可以利用现代科技，如虚拟现实、增强现实等技术，提供让观众在虚拟环境中探索、体验文化遗产的可能；或者是设立互动展示，如问答游戏、在线投票等，让观众参与到文化遗产艺术再现的过程中，提高他们的参与感和沉浸感。正是互动性需求的推动，使文化遗产的艺术再现能够更好地满足现代社会的需求，增强其吸引力和影响力。同时，它为文化遗产的保护和传承提供了新的思路和手段，使每一位观众都能通过互动体验，了解和欣赏文化遗产的独特魅力，进一步增强对文化遗产的保护意识。

第二章　理论与方法：一切实践活动开展的根本依据

第二章　理论与方法：一切实践活动开展的根本依据

理论与方法是一切实践活动开展的根本依据，更是文化遗产数字化重塑与艺术再现这一复杂过程的重要指导。在研究领域，理论框架为广大学者提供了对现象进行观察、解释的视角和工具，而研究方法则让广大学者能够有效地进行实证探究。文化遗产的数字化重塑与艺术再现就是在诸多理论，如文化遗产保护的概念、虚拟现实理论、逆向工程理论的指导下，并依托科学的研究方法不断深化和拓展。本章将针对这些理论和方法进行深入探讨，旨在为文化遗产的数字化重塑与艺术再现提供更稳固的理论基础和实践手段。

第一节　文化遗产的数字化重塑与艺术再现的理论支撑

在全球化与数字化的大背景下，文化遗产保护的理念也在发生变化，人们不再满足于传统的实体保护方式，而是开始积极寻求新的手段和技术（如数字化重塑与艺术再现），以更好地传承和发扬这些无价的文化财富。要想深入理解这种新型的保护方式，关键在于了解其理论支撑——文化遗产保护的概念、虚拟现实理论以及逆向工程理论。这些理论的融合与交汇，为文化遗产的数字化重塑与艺术再现提供了坚实的理论基础，也为广大学者探索和理解其运作机制和价值意义提供了重要途径。以下内容将从这些理论入手，对文化遗产的数字化重塑与艺术再现进行深入分析，希望能为文化遗产保护的研究与实践提供新的视角和思路。

一、文化遗产保护的概念

提起文化遗产，相信大家对这个名词都不陌生。有形文化遗产和无形文化遗产组成了文化遗产的概念，那怎样区分两者的属性呢？有形文化遗产，也就是物质文化遗产，是由那些包含着历史、艺术、科学价值的有形文物组成；而无形文化遗产，也就是非物质文化遗产，其中包含着世代传承的传统文化以及各地区、各民族独特生活方式等非物质形态的文化。

二、虚拟现实理论

随着计算机科学的飞速发展与网络的普及，虚拟现实技术与理论日益成为数字化领域的重要内容之一。当前，虚拟现实技术在各个领域广泛应用，为人们的学习、工作与生活开辟了一条新的体验渠道。在历史文化资源数字化保护与开发过程中，虚拟现实技术扮演了非常重要的角色。

虚拟现实是随着计算机科学发展起来的一种新兴技术，在航空、军事、医学、文化遗产保护、产品研发和建筑设计等领域被广泛运用，有力地促进了这些行业的发展。

（一）虚拟现实的定义

虚拟现实（Virtual Reality, VR），英文的本义是"真实世界的一个映象"，主要指基于三维技术，通过计算机对复杂数据进行可视化操作与交互，是一种全新的技术。说到底，"虚拟现实是一种高端人机接口，包括通过视觉、听觉、触觉和味觉等多种感觉通道的模拟和交互。虚拟，即在本质上或效果上存在，在事实上却不存在；现实，即具有真实的性质或真实的状态，独立于思想而存在的东西，由真实的或实际的东西组成，不同于那些仅具有表象的东西。简言之，虚拟现实即让人置身于一个通过数字技术实现的虚拟的却与真实世界一样的环境之中。"①

当前，动画技术、计算机图形技术等三维技术的飞速发展也在不断促进虚拟现实技术的发展。在历史文化资源数字化方面，通过虚拟现实可以形成虚拟遗产，例如，虚拟复原遗址、文物字画、古建筑以及再现非物质文化遗产的原貌等，还可以依据考古发现、历史文献记载或研究结论，恢复、再现、解读某一历史现象、场景、事件或过程，从而进一步加深研究并进行文化创意产业开发。虚拟现实以各种数字化方式制作、保护并展示、开发历史文化资源，呈现与原物、原景完全一样的效果，以使尽可能多的人对其有一个了解。当前研发的数字故宫、数字敦煌、数字秦俑、唐长安城复原、明清天安门变迁、清代青花瓷工艺等都是虚拟现实。

---

① 郑巨欣，陈峰. 文化遗产保护的数字化展示与传播[M]. 北京：学苑出版社，2011:142.

（二）虚拟现实的特征

虚拟现实通常具有多感知性、交互性、沉浸性、想象性四个特征。多感知性（Multi-Sensory），即通过虚拟现实技术可以达到视觉感知、听觉感知、触觉感知、力觉感知、动觉感知、味觉感知、嗅觉感知等，从而为体验者带来身临其境般的感受。由于技术限制，目前虚拟现实技术所能提供的感知功能主要限于视觉、听觉、力觉、触觉等，其他功能还在不断研发中。多感知性也称"全息性"（Multi-Perceives），是指通过多维感觉通道和类似现实的全面信息，获取信息的广度和深度。多感知性是虚拟现实最基本的前提条件和基础。交互性（Interaction）也称"实时交互性"，是指人与计算机在三维空间中交互的可能性和对其中"物体"的可控性，即虚拟环境可以对人的动作做出响应。实时交互性是虚拟现实与三维动画、电影相区别的重要特征。在观看三维动画或电影的过程中，由于高超的视听语言或感人内容，人们有时也会深深陷入场景中难以自拔，但是所有这些场景都是预先被制作者或导演安排、设计好的，人们仅仅是被动地沉浸其中，无法改变镜头与情节，而虚拟现实则可以让用户自由设定，场景由用户做出选择，从而使用户的体验感更接近于真实。沉浸性（Immersive）是指"参与者在纯自然的状态下，借助交互设备和自身的感知觉系统，对虚拟环境的投入程度"[①]。通过"沉浸"，虚拟现实可以让人感觉到自己是计算机系统所创建的虚拟世界中的一部分，自身被虚拟世界包围，并由被动感知变成主动参与。沉浸性是虚拟现实非常重要的特征，是要达到的一种精神状态，但又需要通过物理方法完成。虚拟现实的沉浸性可以分为精神沉浸和身体沉浸，前者是指人的精神深深投入其中的状态，后者则是指人的身体器官处于计算机外设中。精神沉浸是人的精神被深深吸引到一个虚拟的环境中，形成真假难辨的精神上的"迷幻"状态；身体沉浸是借助于计算机硬件设备来实现，由于设备装置本身的物理性质，比如头盔的重量，使身体沉浸不一定能达到预想的效果。要想达到虚拟现实的最佳效果，硬件设备技术非常重要，就目前的技术手段而言，精神沉浸占主要方面。想象性（Imagination）是

[①] 胡西伟.基于三维动画与虚拟现实技术的理论研究[D].武汉：武汉大学，2005：8.

指不管虚拟现实场景多么"现实",但都是想象出来的。通过想象体现出设计者的思想,并实现一定的目标。例如,虚拟博物馆,尽管现实的博物馆可能存在,但是把这一现实的博物馆变成虚拟的博物馆,就需要设计者进行一定的思考和构想,最终呈现出来的虚拟博物馆在很大程度上是设计者"想象"的结果。

(三)虚拟现实的分类

交互性与沉浸性是虚拟现实最重要的两个特征,根据用户参与和沉浸感的程度,通常把虚拟现实划分为四大类型:桌面虚拟现实、沉浸式虚拟现实、增强虚拟现实和分布式虚拟现实。[①] 桌面虚拟现实(Desktop VR)系统基本上是在一台普通的个人计算机(PC)的小型桌面上进行,通过使用PC或初级图形PC工作站产生仿真,把计算机屏幕作为用户观察虚拟环境的窗口,用户佩戴立体眼镜,利用位置跟踪器、数据手套或者拥有6个自由度的三维鼠标等设备操作虚拟场景中的各个对象,从而在360°范围内浏览虚拟世界。当然,在桌面虚拟现实系统中,用户达不到完全投入,即使使用立体眼镜,屏幕的可视角也仅在20°~30°,会受到周围现实环境的明显干扰。尽管如此,因为桌面虚拟现实系统基本具备了虚拟现实技术的要求,而且成本很低,所以目前得到了较为广泛的应用。

沉浸式虚拟现实(Immersive VR)是一种较为理想的虚拟现实系统。这种系统以封闭的方式将用户的视听觉与外界隔离,使用户完全置身于虚拟环境中,用户通过设备输入命令,计算机根据命令将其反馈到生成的场景中,从而产生一种身临其境、完全投入的感觉。沉浸式虚拟现实系统依赖各种虚拟现实硬件设备,比如,头盔显示器、舱形模拟器、投影虚拟现实设备和其他一些人机交互设备等,外部世界被有效地屏蔽在视线之外,其仿真性显得更加可信和真实。由于沉浸式虚拟现实系统拥有先进的软硬件与良好的系统整合性,从而具有并行处理功能,以达到高度的实时性与高度的沉浸感。因此,沉浸式虚拟现实系统可以使用户完全沉浸在虚拟世界中。

增强虚拟现实(Aggrandize VR)是指借助计算机图形技术和可视化技术

---

① 刘光然.虚拟现实技术[M].北京:清华大学出版社,2011:5—10.

产生现实环境中不存在的虚拟对象,通过传感技术将虚拟对象放置在真实环境中,并借助显示设备将虚拟对象与真实环境融为一体,从而呈现出一个感官效果非常"真实"的新环境。该系统具有虚实结合、实时交互和三维注册的特点,能够把真实环境和虚拟环境组合在一起,它既允许用户看到真实世界,也让用户看到叠加在真实世界的虚拟对象,从而真正达到亦真亦幻的效果。这套系统的最大特点不是把用户与真实世界隔离,而是将真实世界与虚拟世界融为一体,用户可以与两个世界进行交互,以方便工作、观赏。

分布式虚拟现实(Distributed VR)是一个基于网络的可供异地多用户同时参与的分布式虚拟环境。在这个系统中,位于不同位置、不同区域的多个用户或多个虚拟环境通过网络连接,同时参加一个虚拟现实环境,通过计算机与其他用户进行交互,共享信息,并对同一虚拟世界进行观察和操作,以达到协同工作或娱乐的目的。目前,分布式虚拟现实系统在很多领域都有着极其广阔的应用前景。利用它可以创建多媒体通信、设计协作系统、网络游戏和虚拟社区等全新的应用系统。

虚拟现实是依托计算机科学发展起来的高新综合技术,随着其应用性越来越强,参与的领域与研究人员越来越多,虚拟现实得到了不断发展,其系统构成与关键技术也涉及了众多方面。

(四)虚拟现实的发展历程

1. 20世纪50—70年代,实验探索阶段

1956年,在当时全息电影技术的启发下,美国电影摄影师Morton Heiling成功开发了Sensorama系统。通过这一系统,用户可以感知到事先录制好的景观、声音、气味等。1960年,Morton Heiling进一步研制的Sensorama系统与后来的HMD(Head-Mounted Display)十分相似。今天,全沉浸性的虚拟现实系统仍然被继续使用。其中,可触式指示系统的发明,将虚拟现实的交互性推向了一个新的高度,今天使用的iPAD、触摸屏和可感应玻璃都是在这一基础上发展起来的。1976年,Myron Kruger发明了使用摄像机和其他输入设备由参与者动作控制与计算机交互的虚拟世界系统,人机交互性极强,开始被称为"人造现实"。

2. 20世纪80年代，系统化从实验走向实用阶段

这一时期，虚拟现实硬件飞速发展，HMD作为核心装置，无论是在功能还是在人机工学上，都走到了高级阶段。完整的沉浸性虚拟现实系统也被发明出来。Mike McGreevy 和 Jim Humphries 发明了 VIVED（Virtual Visual Environment Display），Fakespace 则发明了 VIEW（Virtual Interactive Environment Workstation）系统，其相比于前者更具有代表性。这一时期，美国的 VPL 公司创始人 Jaron Lanier 正式提出了 Virtual Reality 一词，虚拟现实被大众广泛认识并得到了高速发展，而且突破了原来的高级领域，其成本节节下降，因而开始被广泛运用于各个领域。

3. 20世纪90年代至今，高速发展阶段

这一时期，虚拟现实技术高速发展，今天人们享受的许多成果都来源于此，而且硬件技术每前进一步，虚拟现实就发展一大步，现在极其常用的 HMD、CAVE 技术都在这一阶段取得了很大进步。1996年12月，世界上第一个虚拟现实环球网在英国投入运行，人们可以随意在一个由立体虚拟现实世界组成的网络中遨游，身临其境般欣赏各地的风光、参观博览会和在大学课堂听讲座等。"目前，迅速发展的计算机硬件技术与不断改进的计算机软件系统极大地推动了虚拟现实技术的发展，使基于大型数据集合的声音和图像的实时动画制作成为可能，人机交互系统的设计不断创新，很多新颖、实用的输入输出设备不断地出现在市场上，为虚拟现实系统的发展打下了良好的基础。"[1] 进入21世纪后，随着三维图形技术、无线网络、软件工程的发展，虚拟现实也得到了迅速发展，"数以万计的带有虚拟现实功能的网站被建立起来，越来越多的游戏设备被开发，这一切代表以前高高在上的技术终于走入了大众的生活之中"[2]。

（五）虚拟现实系统构成

虚拟现实"集成了计算机图形（CG）技术、计算机仿真技术、人工智能、

---

[1] 刘光然. 虚拟现实技术 [M]. 北京：清华大学出版社，2011：11.
[2] 郑巨欣，陈峰. 文化遗产保护的数字化展示与传播 [M]. 北京：学苑出版社，2011:145.

传感技术、显示技术、网络并行处理等技术的最新发展成果,是一种由计算机技术辅助生成的高技术模拟系统",主要由输入系统、虚拟环境数据库、虚拟现实软件和输出系统构成。

1. 输入系统

输入系统主要用来接收用户的命令,如头、手的位置及方向、声音等信息,主要包括:①数据手套,用来监测用户手的变化,可以将手的动作数字化,通过辨识手的位置与方向与虚拟环境进行交互。②自由度鼠标,用于导航、选择以及与物体的交互。跟踪定位器,通常装置在HMD头盔上以跟踪头部位置,使图像随其运动而变化,从而决定虚拟世界的渲染视角。③语音输入设备,通过麦克风等设备将语音信息输入计算机,并利用语音识别系统将语音信号变成数字化信号。

2. 虚拟环境数据库与虚拟现实软件

虚拟环境数据库用来存放虚拟环境中的各方面信息,包括虚拟物体及其属性,如性质、行为、几何、材质等。虚拟环境数据库一般由实时系统软件进行管理,其数据只加载用户可视部分,其余留在磁盘上,需要时再导入内存。虚拟现实软件用来设计用户在虚拟环境中遇到的景和物,以构建虚拟环境的过程,主要包括三维物体与虚拟场景的建模和集成。典型的建模软件有AutoCAD、Multigen、VRML等;典型的虚拟现实软件有Vega、OpenGVS、VRT、Vtree等。

3. 输出系统

输出系统主要包括三维图像视觉效果、三维声音效果和触(力)觉效果等。三维图像生成与显示,主要利用图形处理器、立体图像显示设备、高性能计算机系统将计算机数字信号变成三维图像。三维声音处理,主要通过有关的声音设备使电子信号变成立体声,并提供识别立体声声源和判定其空间方位的功能。触(力)觉反馈主要包括分辨表面材质及温度、湿度、厚度、张力等。

(六)虚拟现实的关键技术

1. 环境建模技术

环境建模即建立虚拟环境模型,实际在很大程度上就是三维数据的获取与处理技术，具体就是通过激光扫描等方法获取实际三维环境的三维数据，然后根据具体的应用需要，利用这些三维数据建立相应的虚拟环境模型。

2. 交互技术

这里主要是人机交互技术，是指借助计算机输入和输出设备通过有效的方式实现人与计算机对话的技术。交互技术是虚拟现实的重要内容之一，它与认知学、人机工程学、心理学等学科领域有密切的联系。在虚拟现实中，除了键盘和鼠标外，还需要利用数字头盔、数字手套等一系列复杂的传感器设备，以实现人机交互。其中，三维交互技术与语音识别、语音输入等技术成为非常重要的组成部分。

3. 触（力）觉反馈技术

触觉反馈技术是指在虚拟现实系统中用户可以直接接触到虚拟物并能感觉到虚拟物的反作用力，从而产生身临其境的感觉的一套技术。例如，借助在内层安装一些可以振动的触点的数字手套产生模拟触觉。

4. 立体视听技术

立体视听包括立体显示技术和立体声合成技术。在虚拟现实系统中，用户的双眼看到的不同图像是分别产生的，且显示在不同的显示器上。有的系统采用单个显示器，但用户戴上特殊的眼镜后，一只眼睛只能看到奇数帧图像，另一只眼睛只能看到偶数帧图像，因奇、偶帧之间的不同而产生视差，进而产生立体感。常见的立体声效果主要是靠左、右耳听到在不同位置录制的不同声音实现，从而产生方向感。

5. 系统集成技术

所谓系统集成，是指将各功能部分整合为统一的系统。虚拟现实涉及多种技术的应用，比如，信息同步技术、模型标定技术、数据转换技术、识别和合成技术等。因此，就需要对这些技术进行整合，从而形成系统集成技术。系统集成技术在虚拟现实中至关重要。

三、逆向工程理论

逆向工程理论作为一种重要的技术理论，越来越多地被应用于各个领域，特别是在文化遗产的数字化重塑与艺术再现中发挥着重要作用。该理论基于分析已存在的物理实体或设计，对其进行解构并重建出制造流程，进而得到可以再生产或改良的设计模型。其中涉及的关键技术包括数据获取、数据处理、模型重构等。为深入理解逆向工程理论在文化遗产保护中的应用，下面将首先介绍逆向工程理论的基本概念，其次分析其中的关键技术，并探讨其整体工作流程，旨在全面阐述其工作原理及其在文化遗产保护中的具体应用。

（一）逆向工程理论概述

逆向工程是相对于正向工程而言的，所谓逆向工程，是指将实物转变为CAD模型相关的数字化技术、几何模型重建技术和产品制造技术的总称，是将已有产品或实物模型转换为工程设计模型和概念模型，并在此基础上对已有产品进行解剖、深化和再创造的过程。①

组成逆向工程系统的设备和软件主要包括以下几种。①测量机与测量探头。它们是实物数字化的关键设备，目前应用比较广泛的测量机是三坐标测量机。②数据处理软件。进行数据的格式转换、噪声滤除、平滑、对齐等处理，如Geomagic等。③模型重建软件。一般包括三类：用于正向设计的CAD、CAE、CAM软件，如Solidworks等；集成有逆向功能模块的正向CAD、CAE、CAM软件，如Pro/E等；专用的逆向工程软件，如Geomagic、Imageware等。②除此之外，有较高要求的还包括产品数据管理（PDM）软件。④CNC加工设备，用来进行原型和模具制作。⑤快速成型机，用以产生模型样件。⑥产品制造设备，如注塑成型机、钣金成型机等。

（二）逆向工程理论的关键技术

1. 数据采集技术

数据采集技术是通过特定的测量设备和测量方法获取零件表面离散点的几何坐标数据，以实现复杂曲面的建模、评价、改进和制造。因而，高效、高精

---

① 金涛，童水光. 逆向工程技术[M]. 北京：机械工业出版社，2003：4—8.
② 钱任铜. 逆向工程CAD系统相关技术的研究与开发[D]. 杭州：浙江大学，2005：12—13.

度地实现样件表面的数据采集,是逆向工程实现的基础和关键技术之一。[①] 根据测量探头是否和零件表面接触,可将数据采集方法分为接触式数据采集和非接触式数据采集两大类。

2. 测量数据处理技术

为了获得完整、正确的测量数据以方便后续的造型工作,需要对测量数据进行一系列的处理工作,数据处理包括去除噪声点、数据整理、数据对齐、数据精简、特征提取、数据分割等诸多方面,是逆向工程的关键环节。

3.CAD 模型重建技术

在逆向工程中,智能制造虚拟仿真、产品的再设计等应用都要求重建的 CAD 模型准确还原实物样件,因此,实物的三维 CAD 模型重建是整个过程最关键、最复杂的一环。目前,成熟的 CAD 模型重建方法有:按数据类型,可分为有序点和散乱点的重建;按测量机的类型,可分为基于 CMM、激光点云、CT 数据和光学测量数据的重建;按造型方式,可分为基于曲线的模型重建和基于曲面的直接拟合;按曲面表示方法,可分为边界表示、四边样条表示、三角面片和三角网格表示的模型重建等。

(三) 逆向工程的工作流程

逆向工程的应用过程主要包括产品实物几何形状的数字化、CAD 模型重建、产品制造。逆向工程技术是现代设计方法中的一项重要技术,现在已被置于大幅度缩短新产品开发周期和增强企业竞争能力的重要地位上,在产品快速开发中的作用是不可替代的。基于逆向工程理论的产品快速开发流程如图 2-1 所示。

---

① 单岩,谢斌飞.Imageware 逆向造型技术基础 [M]. 北京:清华大学出版社,2006:1—2.

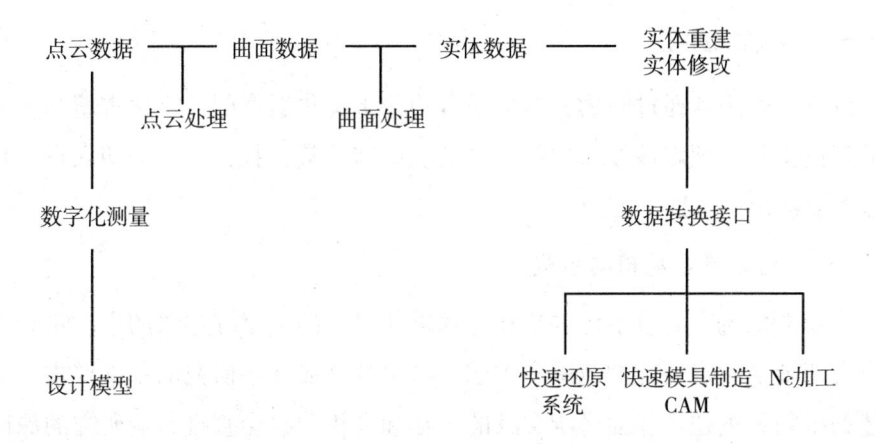

第二章　理论与方法：一切实践活动开展的根本依据

图 2-1　基于逆向工程理论的产品快速开发流程

第二节　文化遗产的数字化重塑与艺术再现的研究方法

在 21 世纪的今天，文化遗产的数字化重塑与艺术再现变得越来越重要。这不仅是一个技术问题，也是一个复杂的学术问题，需要广大学者从多种研究方法中获得深入理解和全面洞察。研究方法的基本构成如图 2-2 所示。

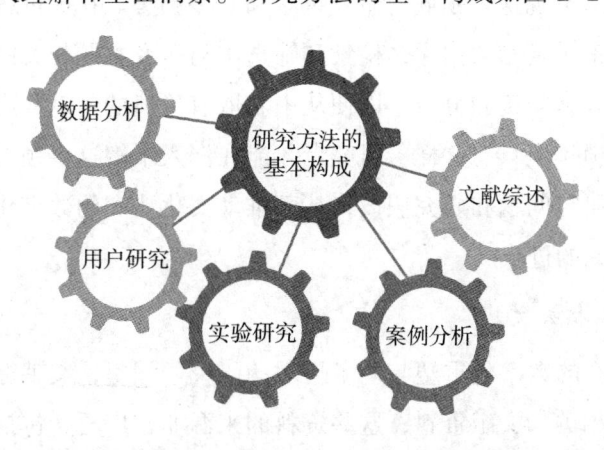

图 2-2　文化遗产的数字化重塑与艺术再现的研究方法

· 035 ·

一、文献综述法

该研究方法是通过阅读和总结现有的关于文化遗产的数字化重塑和艺术再现的理论文献,理解该领域的最新进展和研究趋势,找到研究的切入点。具体操作主要涉及以下四个方面。

(一)确定研究范围与主题

涉及文化遗产的数字化重塑和艺术再现研究的文献综述法的启动步骤要求研究者清晰地确定研究的范围和主题,这也是开展课题研究的基本要求。文献综述的目的和主题不仅会影响文献的选择和分析,也会直接影响研究的深度和广度。因此,研究者需要对文献综述的目的和主题有一个明确的认识和理解。可能关注的方向包括:特定类型的文化遗产(如建筑、艺术品等)、特定的数字化技术(如 3D 扫描技术、AR/VR 技术等),或是特定的艺术再现形式(如影视、游戏等)。每种类型的文化遗产都有其独特的性质和价值,不同的数字化技术也有其适用的范围和局限性,而艺术再现形式的多样性则是使这个研究领域充满了无限可能。根据研究目标和主题的不同,研究者需要寻找并研究相关的文献资料,从中找到新的思路和研究方向,以便更好地理解文化遗产的数字化重塑和艺术再现这个领域的研究现状和发展趋势。在此过程中,研究者需要运用各种搜索工具和数据库,检索和筛选出与研究主题相关的文献,并对这些文献进行深入地阅读和分析,以便从中获取有价值的信息和启示。这个过程可能会非常烦琐,但只有这样,研究者才能在深入了解这个领域的基础上,提出有创新性的研究问题和研究假设,从而推动文化遗产的数字化重塑与艺术再现这个领域研究的进步。

(二)收集相关文献

在文化遗产的数字化重塑与艺术再现的研究领域里,文献综述法应用的第二步便是收集相关的文献资料,这些资料的来源非常广泛,包括但不限于学术论文、专著、研究报告、政策文件等。研究者必须全方位、系统地收集与研究主题相关的文献,这不仅能帮助研究者全面理解该领域的研究现状,而且有助于找到新的研究思路和研究方法。其中,文献收集的过程可以视为一种知识的筛选和积累过程，每一篇收集的文献都可能为研究者提供新的知识点和启示。因此，收集文献是一项重要且必要的工作，尤其是在研究领域快速发展的今天，新的研究成果和理论框架层出不穷，如何选择和使用这些文献资源，成为研究者必须面对的关键问题。在文献收集的过程中，研究者也需要注意选择权威和可靠的资料来源，避免因信息的不准确和不完整而导致研究的失败。因此，研究者不仅需要具备扎实的专业知识，还需要有辨别和分析信息的能力，这样才能确保所收集的文献是高质量且具有可信度的。当然，收集文献并不是一次性的工作，而是一个持续的过程。随着研究的深入和发展，研究者可能需要反复地收集和更新文献，这样才能保证自己的研究始终保持在最新的研究前沿。同时，文献收集是一个学习的过程，每一篇被阅读和分析的文献都可能对研究者产生深远的影响，帮助他们不断丰富和提升自己的知识结构和研究能力。

（三）分析与整理文献

在文化遗产的数字化重塑与艺术再现的研究中，收集到相关文献后的重要步骤便是详细地阅读和分析这些文献。在阅读过程中，研究者需要深入理解每一篇文献的核心观点、理论基础、研究方法和研究结果等重要信息，这对于把握研究领域的全貌及发展趋势至关重要。每一篇文献都像是一个小型的知识库，它们包含了作者的思考、探索和成果，为研究者提供了深入了解问题、寻找答案的线索和方向。

在阅读与理解文献的同时，研究者还要对这些文献进行综合分析和整理，将众多独立、分散的信息整合在一起，构建出一个完整的知识结构。在此过程中，研究者可能会发现不同文献之间是相互关联的，然后从中识别出一些共同的主题和趋势，这将有助于他们深入理解研究领域的核心问题和挑战，也有助于他们找到新的研究思路和方法。在整理文献的过程中，研究者要以客观、公正的态度对待每一篇文献，避免因个人偏好或先入为主的观念影响对文献的理解和分析。同时，整理的结果应以明确、简洁的语言呈现，使其他人能够快速理解和掌握。而在完成文献的阅读、分析和整理后，研究者便形成了自己的文献综述。这个文献综述既反映了研究领域的现状和发展趋势，也揭示了研究者自己的理解和观点，它将为研究者的后续研究提供强有力的支撑。

(四) 撰写文献综述

在文化遗产的数字化重塑与艺术再现的研究过程中,当整理好所有的文献信息后,撰写文献综述的工作就可以开始了。在这一阶段,研究者应遵循公正、客观的原则,全面、准确地介绍各种观点和理论。这意味着,无论观点或理论是否与研究者的个人观点相符,都需要公正地展示,并对其进行科学、客观的评价。撰写文献综述的过程并非简单地将信息摘录或汇总,而是需要在此基础上对各种观点和理论进行比较和评价。这一过程往往涉及深入的思考和理解,需要研究者在理解各种观点和理论的基础上发现其背后的逻辑关系,识别其优缺点及其对整个研究领域的影响和贡献。只有通过这样的比较和评价,研究者才能全面了解研究领域的现状和存在的问题,以及未来的发展趋势。

撰写文献综述不仅是为了展示现有的研究成果,还是为了帮助研究者形成对研究领域的深入、全面的理解,从而找到新的研究问题,或者提出新的研究思路和方法。因此,撰写文献综述不仅是对现有知识的学习和整理,也是对新知识的探索和创造。在撰写文献综述时,研究者还需要注意保持语言的清晰和简洁,避免复杂的句型和专业术语,使文献综述不仅对专业研究者,也对非专业读者具有良好的可读性。同时,文献综述应尽可能地避免个人的主观评价和情感色彩,保持科学、客观的研究态度。

二、案例分析法

选取一些成功的文化遗产的数字化重塑和艺术再现的实例进行深入研究,可以是具体的艺术作品,也可以是使用了某种特定技术的项目,以此寻找和分析成功的因素和方法。

(一) 选择研究案例

在文化遗产的数字化重塑与艺术再现的研究中,案例分析法是一个被广泛运用的方法。在这一过程中,选择合适的案例研究对象成为关键的第一步。案例的选择必须有代表性,这意味着被选中的案例应能体现文化遗产的数字化重塑与艺术再现领域里的普遍情况,或者展示某种特殊问题的存在。例如,对于一座已经完成数字化重塑并进行艺术再现的古建筑,可能就是一个理想的案

第二章　理论与方法：一切实践活动开展的根本依据

例。这个案例中包含的丰富信息，比如，数字化重塑的方法、过程、问题以及艺术再现的形式、效果等，都可以作为研究的对象。这些信息将有助于研究者深入理解文化遗产的数字化重塑与艺术再现的全过程。但选择案例并非一份轻松的工作，它需要研究者有丰富的专业知识，对文化遗产的数字化重塑与艺术再现的过程、方法和技术有深入的理解。同时，研究者需要具备一定的研究经验和判断能力，才能在众多的可能案例中，选出具有代表性且最能反映研究问题的案例。另外，案例的选择也受一些实际因素的影响，如案例的可获取性、研究的预算和时间等。因此，选择案例是一项需要深思熟虑、权衡多种因素的工作。

（二）详细了解案例

对于文化遗产的数字化重塑与艺术再现领域的研究来说，案例分析法占据了重要地位。在选定最具代表性的案例后，研究者的任务就是深入了解这个案例，这个步骤包括对案例背景、实施过程、结果效果等方面的全面探索。

针对案例背景了解的问题，研究者需要探究案例的起源，比如，该文化遗产的历史背景、艺术价值、历史地位等信息，以及它为何被选为数字化重塑与艺术再现的对象。这有助于研究者理解该案例的特殊性和普遍性，从而在研究中更好地定位该案例。而在了解过程中，涉及对案例中所用数字化重塑与艺术再现的具体方法、技术、步骤的深入探索。这可能包括3D扫描技术、虚拟现实技术、增强现实技术等方面的具体应用情况。同时，该过程包括如何对文化遗产进行保护，如何尊重并传承其原始的艺术特色和历史内涵。而对于结果效果的了解，研究者需要评估和分析数字化重塑与艺术再现的成果，这可能涉及用户体验、艺术效果的评价等方面。此外，还需要关注这种重塑与再现对文化遗产的影响，比如，是否提高了文化遗产的公众认知度，是否有助于文化传承。在获取这些信息的方式方面，研究者可以采用查阅相关文献、访谈相关人员以及实地考察等手段。这些手段的组合使用，可以让研究者从不同角度和层面全面、深入地了解案例，从而更好地理解和分析文化遗产的数字化重塑与艺术再现的全过程。

（三）案例分析

在了解文化遗产的数字化重塑与艺术再现案例具体信息的基础上，案例分析就成为关键的一步。研究者应从多个角度对案例进行深入地剖析和探讨。

从成功因素的角度进行分析，可以让研究者更好地了解这个案例为何能在数字化重塑与艺术再现的实践中获得成功。这些成功因素可能包括技术的创新应用，如 3D 扫描、虚拟现实、增强现实等高新技术的适时运用；也可能是独特的艺术再现策略，如适合该文化遗产特色的艺术再现方式；还可能是出色的项目组织和管理；等等。了解了这些成功因素，研究者就能为未来类似的项目提供有益的参考和指导。而从问题的角度进行分析，研究者可以发现在数字化重塑与艺术再现过程中可能遇到的难题和挑战，以及如何有效地解决这些问题。这可以让研究者在未来遇到类似的情况时，有针对性地提出解决方案。除此之外，还应从影响的角度对案例进行分析。这包括了解该案例对文化遗产的保护和传承产生了哪些积极的影响，比如，提高了公众的认知度和理解度，提升了文化遗产的价值，等等。同时，应关注可能产生的负面影响，如可能存在文化遗产的滥用、误用等问题。最后，研究者还要从不同的理论视角对案例进行分析，比如，从用户体验、技术实现、艺术表现等不同角度有针对性地分析案例。这种多角度的分析方法能让研究者更全面地理解和评价案例，对未来的研究和实践具有积极的推动作用。

（四）提出研究成果

在文化遗产的数字化重塑与艺术再现的案例分析过程中，深入地剖析和理解案例能够让研究者得出有价值的研究成果。这些成果可能是对已知问题的解答，也可能是对理论的拓展，还可能是对实践的指导和建议。

案例分析为研究者揭示了可能存在的问题，并提供了解答这些问题的途径。比如，如何通过处理复杂的文化遗产信息进行数字化重塑、如何利用先进的技术如 VR/AR 等进行文化遗产的艺术再现、如何平衡保护文化遗产与创新艺术再现等。研究者通过分析案例，可以得出具有实际操作价值的解答。从理论层面来看，案例分析有助于理论的拓展和发展。文化遗产的数字化重塑与艺术再现是一个跨学科的领域，涉及文化遗产学、信息技术、艺术学等多个学科

第二章 理论与方法：一切实践活动开展的根本依据

领域。通过深入分析特定案例，研究者可以发现这些学科领域的交叉点、提出新的理论观点、拓展学科的理论边界。在这一过程中，研究者通过对实践案例的分析，还可以得出一些具体的操作建议，这对于实践活动有实际的指导价值。这些建议可能涵盖了如何选择和应用数字化技术、如何设计和实施艺术再现方案、如何管理和评估项目等多个方面。

三、实验研究法

在理论研究的基础上，进行一些实验性质的研究，比如，开发一款利用AR/VR技术的文化遗产展示应用，或设计并实施一次互动式的文化遗产艺术再现活动，通过观察结果反馈检验理论。

（一）设计实验方案

设计实验方案是实验研究法的核心环节，对整个实验研究的质量和结果发挥着决定性作用。在文化遗产的数字化重塑与艺术再现的研究中，设计实验方案包括明确实验目标、方法、步骤以及对可能结果的预期等内容。具体而言，实验的目标是实验活动的引领，只有明确了目标，才能更有效地进行实验的其他设计。在这一研究领域中，实验的目标可能涉及比较和验证不同的数字化技术、艺术再现方式，也可能是新技术方法的试验和探索。实验的方法和步骤是实现目标的具体途径，其设计的好坏直接决定实验的效率和效果。实验方法可能包括采用何种数字化工具和技术、如何进行艺术再现以及如何收集和分析数据等。实验步骤则需要详细规定实验的过程，包括每一步的操作、时间、顺序等，以保证实验的科学性和可复制性。对可能结果的预期是实验设计的重要部分，有助于研究者对实验进行前瞻性的思考，提前预测和应对可能出现的问题。对结果的预期可能基于已有的理论知识，也可能基于对特定文化遗产、特定技术、特定艺术再现方式的理解和判断。

（二）实施实验

当实验方案确定后，便是实验的具体实施阶段。在文化遗产的数字化重塑与艺术再现研究中，实验的过程需要严格遵循实验方案，以保证实验结果能够有效地反映实验对象的真实情况。遵循实验方案是实验成功的关键，这包括对实验工具的正确使用、对实验步骤的严格执行、对实验条件的精确控制等。这种遵循要求的实施，可以确保实验结果具有可信度和有效性，是真实反映实验对象的必要条件。如果实验设计的目标是探究不同的数字化技术对艺术再现的影响，那么在实施过程中就需要严格控制技术参数，确保每一项技术都得到公平、准确的展示和测试。

还有一点是毋庸置疑的，即实验的过程记录是实施实验的重要部分。只有完整、准确地记录，才能为后续的数据分析和结果解读提供必要的依据。实验过程的记录应该包括实验步骤的执行情况、实验数据的收集情况、实验过程中遇到的问题及解决办法等内容。记录需要真实、详细、有条理，使其他研究者能够根据记录复现实验，也使研究者自己能够在回顾实验过程时，找到可能的问题和改进的方向。

（三）分析实验结果

实验的完成标志着研究工作进入一个新的阶段，即实验结果的详细分析阶段。在文化遗产的数字化重塑与艺术再现研究中，结果分析环节的重要性不言而喻。所谓"实验结果分析"，就是对实验数据进行深度解读。在此过程中，相关人员需要将预期结果与实际结果进行对比，观察两者之间的差异。差异可能来自多种因素，例如，实验过程中的偏差、实验条件的变化等。对于这些差异，需要进行深入探究，以了解其产生的原因。例如，在研究数字化重塑技术对文化遗产的影响时，如果实际结果与预期有较大差异，可能需要重新审视实验设定，或者检查技术实现过程是否存在问题。在分析结果的过程中，也需要对结果进行解释和理解。这可能涉及对原有理论知识的引用，或是对新发现的解释。例如，在实验中发现某种数字化技术在艺术再现上的优势，这时就需要对这种优势背后的原因进行深入探索，可能涉及技术原理的理解，也可能需要研究用户体验等多个方面，并且实验结果的分析还可以引发新的问题和研究方向。例如，在分析过程中可能发现某个尚未被充分注意的问题，或者发现某种新的趋势，这就为后续的研究工作指明了方向。

（四）提出研究成果

当实验结果经过深入分析后，能够为研究者带来珍贵的启示，帮助他们得出自己的研究成果。这些成果是研究的高潮，展示了研究者在文化遗产的数字化重塑与艺术再现领域的贡献。其中，新的发现是研究成果中的一项重要内容。在实验过程中，研究者可能会发现预期之外的现象，或者在既有理论和假设之外的新视角。例如，在数字化重塑过程中，研究者可能会发现新的技术手段或者某种技术对艺术再现效果的特殊影响。这些发现能够为研究领域添加新的知识，丰富学术理论的宽度和深度，并且分析实验结果还会促使研究者对现有的理论进行修正。实验是观察和检验理论的重要手段，如果实验结果与理论预测存在差异，那么可能需要对理论进行调整，使之更符合实际情况。例如，在研究中可能发现某种已被公认的数字化技术在某些文化遗产重塑中并不适用，这就需要对原有理论进行修正。同时，研究成果的呈现包括对实践的建议。实验研究的目的不仅仅是为了理论，更重要的是为了实践，是为了解决实际问题。在文化遗产的数字化重塑与艺术再现领域，研究者可能会提出如何更好地应用技术，或者如何更合理地保护和传承文化遗产的建议。这些建议都是基于实验结果的分析，因此具有较强的可操作性和实效性。

四、用户研究法

通过问卷调查、访谈、用户行为观察等手段收集用户的反馈和需求，了解用户对文化遗产的数字化重塑与艺术再现的期待和评价，进而优化设计。

（一）确定研究目标

用户研究法的首要任务是设定清晰的研究目标，它的多样性使用户研究成为文化遗产的数字化重塑与艺术再现领域的重要工具。定义精准的目标，有助于塑造整个用户研究的设计和执行，并确保所有的努力都专注于达成这个目标。了解用户需求是一个可能的目标，它尤其关键，因为用户是数字化重塑与艺术再现的最终受益者。这意味着需要对用户的喜好、期望、挑战等进行深入了解，包括用户如何互动以及如何从中得到满足。这样的信息能够帮助塑造更符合用户期望的数字化与艺术再现方法，从而提高用户的满意度和参与度。另外，评估产品的用户体验也是一个重要的研究目标。在数字化重塑与艺术再现的过程中，需要密切关注用户的体验，了解用户在使用产品或服务过程中的感受，包括易用性、满意度、互动体验等。这样的评估能够提供反馈，帮助优化产品或服务，提高其在市场上的竞争力。

（二）采集用户数据

在用户研究法的应用过程中，数据采集环节占据重要地位。用户数据的获取与整理能够提供丰富的信息资源，为明确研究目标提供关键性的依据。

在此期间，要考虑到用户数据可能源于多个渠道。例如，用户行为记录是一种常见的数据来源，能够准确地反映用户在数字化重塑与艺术再现环境中的行为特征和习惯。如何使用这些信息、如何反应、如何做出选择等，都可以从行为记录中得到详细的解读。这样的信息可以揭示用户的需求和偏好，有助于改善和优化数字化重塑与艺术再现的过程。

另外还要考虑到，用户的反馈和评价也是非常重要的数据来源，以及用户的生理和心理指标是一种重要的数据类型。针对前者而言，可以来自用户的直接反馈，例如，通过调查问卷或访谈收集。这类信息可以直接反映用户对现有数字化重塑与艺术再现服务的满意度，以及他们对改进的期待。针对后者而言，可能包括用户的情绪反应、视觉注意力、心率变化等，他们可以通过实验、观察等方法进行采集。这些指标可以帮助了解用户在使用过程中的真实体验和感受以及可能的痛点和挑战。至于数据采集的方法，既可以是直接观察用户的行为，也可以通过深度访谈了解用户的看法和感受，或者设计和发放问卷收集用户的意见和建议。实验法也常用于用户研究，它可以在一定程度上控制变量，从而更深入地研究用户的行为和反应。

（三）分析用户数据

在用户研究法的框架下，获取用户数据后的重要步骤是数据的解读和分析。对用户数据进行深入解析，能够展现用户的需求、问题、行为特征和心理状态等多维度信息，而这对于理解文化遗产的数字化重塑与艺术再现领域具有非常大的价值。其中，解读用户需求和问题是用户数据分析的主要目标之一。

第二章 理论与方法：一切实践活动开展的根本依据

对用户数据进行细致审查，有助于了解用户对文化遗产的数字化重塑与艺术再现服务的期待和不满。这既可以是功能性的需求，如更高的分辨率、更丰富的互动性，也可以是体验性的需求，如更直观的界面、更流畅的操作。同时，通过分析用户的问题反馈，可以找到存在的痛点和挑战，为后续的产品改进提供方向。理解用户行为和心理是用户数据分析的另一个重要方向。用户数据可能揭示用户在使用过程中的操作习惯、决策路径和注意力分布等行为模式。同时，通过分析用户的心理指标，如情绪、满意度和参与度等，洞察用户的内在感受和态度，这对于了解用户的真实体验具有重要价值。在这里，用户数据分析也可以用于评估产品的用户体验。对于文化遗产的数字化重塑与艺术再现服务，用户体验的好坏直接影响其价值的体现和用户的满意度。通过分析用户数据，可以了解用户在使用过程中的顺畅程度、难易度、满足感和愉悦感等多维度体验，从而评估产品的用户体验，找出优点和改进空间。

（四）应用研究结果

在用户研究法中，获取的用户数据经过细致地分析和解读后，得出的研究结果具有很高的实际应用价值，尤其在文化遗产的数字化重塑与艺术再现中，这些结果可以被广泛应用于产品的设计、优化以及个性化推荐等领域。

针对用户需求进行产品设计，是基本且关键的一点。用户的需求可能涉及产品的功能、操作、界面、体验等多个方面。研究者通过深入理解这些需求，可以以用户为中心进行产品设计，例如，设计出易于操作、界面直观、体验流畅的数字化重塑工具，或者提供多样的艺术再现方式让用户选择，以满足不同用户的审美需求。其间，研究者也可以根据用户反馈进行产品优化。这些反馈可能来自用户对产品的直接评价，也可能通过分析用户数据间接获取。无论哪种方式，都能帮助研究者了解产品存在的问题和不足。比如，用户可能反馈操作过程中的困扰、界面设计不合理或者对艺术再现效果不满意。针对这些问题，研究者可以调整和优化产品设计，提升用户的使用满意度，并且基于用户行为模式，研究者可以进行个性化推荐。在用户使用过程中，他们的行为模式，如浏览习惯、操作路径、喜好选择等，都可以作为个性化推荐的依据。具体而言，就是对于经常浏览某一类别文化遗产的用户，系统可以推荐相关的数字化重塑项目或者艺术再现作品；对于经常使用某种操作方式的用户，系统可以优化该操作路径，提供更便捷的体验。

五、数据分析法

收集和分析与文化遗产的数字化重塑与艺术再现相关的数据，如用户互动数据、观看数据等，通过数据分析得到的结果可以为改进设计提供依据。

（一）数据收集

数据分析法以获取质量数据为前提，有了完备的数据才能进行深入分析并从中提取有价值的信息。在文化遗产的数字化重塑与艺术再现研究过程中，数据源可以有多种，比如，实地调查的资料、用户行为记录、社交媒体的互动信息以及历史文献的收集。这些数据来源于不同的场景和领域，各具特色、相辅相成，能够为研究提供全面、多角度的视野。

实地调查的数据可以提供真实、直观的信息，对于理解文化遗产的原始状态、把握艺术再现的现场效果具有重要价值。因此，研究者可能需要前往文化遗产所在地，收集相关的环境、地理、历史等信息，这些信息对于数字化重塑具有重要的指导意义。用户行为记录则直接反映用户对文化遗产的数字化重塑与艺术再现的实际需求和反应。这些记录可能来源于用户的浏览历史、点击行为、搜索关键词等。通过对这些数据进行分析，可以深入理解用户的兴趣偏好、操作习惯以及对产品的满意度等。

社交媒体的数据可以体现公众对文化遗产的数字化重塑与艺术再现的关注度和态度。因此，研究者可以收集微博、微信、抖音等社交媒体上的相关话题和评论，了解公众的关注点和讨论焦点。而历史文献的数据则能为文化遗产的数字化重塑与艺术再现提供丰富的背景知识和历史资源，古籍、地方志、历史照片等都是重要的数据来源。

每项数据的收集都需要有明确的目标，这些目标可能与研究的问题、预期的结果等紧密相关。对于如何收集数据，需要选择适当的数据收集方法和工具，包括但不限于访谈、观察、问卷调查等。选择哪种收集方法取决于数据的类型、研究的需求以及实际的条件。总的来说，高质量的数据收集是数据分析法的重要基础，也是研究能否取得成功的关键环节。

（二）数据预处理

在数据分析法中，数据预处理作为关键的步骤，对原始数据进行清洗、转换和集成，目的是提升数据质量、减轻噪声与异常值的影响，并增强数据分析的精确性，这是后续数据分析的必要条件。实地收集的原始数据或者网络获取的数据，其复杂性和多样性往往超乎想象，研究者常面临数据不一致、缺失、重复、错误等问题。这就是为什么数据清洗成为预处理的重要环节，它负责识别并处理这些问题，从而提升数据的准确性。比如，在文化遗产的数字化重塑与艺术再现的研究中，可能需要处理数据中的拼写错误、格式不一致、日期错误等问题。数据转换是为了使数据适应分析工具和模型的需求。这包括数据的规范化、离散化、抽象化等操作，这些转换操作会使数据的形式、结构和含义发生变化，以便更好地适应后续的分析需求。比如，在数字化技术使用过程中会产生用户行为数据，要对这些数据进行标准化或者离散化，以便后续更好地进行模式挖掘或者分类分析。数据集成则是将来自多个数据源的数据融合到一起，形成一个统一的、一致的数据视图。在文化遗产的数字化重塑与艺术再现研究中，可能需要将实地调查数据、用户行为数据、社交媒体数据和历史文献数据进行集成，以提供全面的研究视角。

（三）数据分析

数据分析在文化遗产的数字化重塑与艺术再现研究方法中具有关键性作用，其采用的方法多种多样，包括描述性统计、聚类分析、关联分析、预测分析等。这些分析方法的运用可以有效揭示文化遗产的特性以及其中的规律，从而辅助人们更好地理解和利用文化遗产。

描述性统计方法是基础的数据分析手段，利用各类数值呈现数据的主要特性，如中位数、平均值、标准差等。这种方法可以提供关于数据集的直观理解，从而为文化遗产的数字化重塑提供一种基础性的视角。以数字化文化遗产的访问量为例，通过描述性统计，可以获取访问量的平均值、最高值、最低值等信息，为文化遗产的推广提供参考。

聚类分析作为一种无监督的机器学习技术，能将数据集分为几个独立的群体或者类别。这种技术可以帮助研究者识别数据集中存在的模式或者趋势。比如，在文化遗产的数字化重塑与艺术再现研究中，可以通过聚类分析，根据用户对文化遗产的访问和互动行为将其进行分类，从而更好地理解不同类型用户的需求。

关联分析是发现数据项之间的有趣关系，这种分析方法常用于购物意向分析，寻找商品之间的购买关系。在文化遗产领域，这可能表现为用户在访问一个文化遗产后，可能对哪些类型的文化遗产也感兴趣。这些信息对于个性化推荐和提升用户体验至关重要。

预测分析则是使用历史数据预测未来事件的概率。在文化遗产的数字化重塑与艺术再现研究中，预测分析可以用于预测未来一段时间内某文化遗产的访问量，或者预测新的数字化技术对文化遗产展示效果的影响。

（四）结果解释和应用

在文化遗产的数字化重塑与艺术再现研究中，数据分析的成果需要进行详细的解读与应用。比如，利用数据分析揭示的文化遗产特性有助于文化遗产的分类与推荐；借助数据分析揭示的用户行为模式可以贡献于个性化体验的设计；基于数据分析展现的历史变迁有助于文化遗产的再现与演绎。数据分析所揭示的文化遗产特性，如文化遗产的历史背景、地理位置、艺术风格等，可以用来构建文化遗产的分类系统。这样的分类系统对于文化遗产的保护、研究和利用都有极大的价值。比如，在文化遗产的数字化平台上，可以根据用户的兴趣和需求，推荐相应类型的文化遗产，增强用户的浏览体验。而数据分析所呈现的用户行为模式，如用户对不同类型文化遗产的偏好、用户访问文化遗产的时间和频率等，可以为个性化体验的设计提供依据，以此创新和优化文化遗产的展示方式，满足不同用户的需求。还可以根据用户的访问行为和偏好，设计个性化的文化遗产展示和推荐系统，以提升用户的参与度和满意度。

第三章 意义：数字时代赋能文化遗产价值最大化

第三章　意义：数字时代赋能文化遗产价值最大化

在数字时代的洪流中，文化遗产被赋予了全新的生命力和价值。人们处于一个资源共享的时代，这种共享远超过物质层面，更多地触及知识、信息和文化。在这样的大背景下，文化遗产的多视角、多维度和多层次共享成为可能，这无疑为文化遗产的繁荣发展注入了强大的活力。同时，数字技术赋予了文化遗产更强的时代生命力，使其在保护、传播、研究等方面呈现出前所未有的活力和创新。数字技术也为文化遗产的经济效益最大化提供了可能性，通过提升效率、增加收益、推动创新和优化管理等方式，全面释放文化遗产的经济价值。

第一节　实现文化遗产资源多视角、多维度、多层次共享

在这个日新月异的数字时代，文化遗产如璀璨的宝石，光芒四射，彰显出多元化的价值。借助数字化的驱动力，文化遗产展现出了前所未有的多视角、多维度、多层次的共享可能性。无论是从技术、文化、教育、社会等各种维度，还是从个体、社区、国家、全球等不同层次来说，文化遗产都是丰富多样、璀璨无比的。与此同时，数字化的文化遗产以其独特的方式，催生了艺术、学术、教育、跨文化等领域的广泛交流，充分体现了其在数字时代的巨大价值。

一、数字时代赋予了文化遗产多视角共享的可能性

数字时代的到来，极大地拓宽了人们对文化遗产理解与呈现的维度。科技的进步不仅令文化遗产的全方位呈现成为可能，还使交叉学科的视角得以构建，个体差异化视角得以发掘，同时将时间轴视角引入其中。这一系列的变革，极大地提升了文化遗产资源的共享性，赋予了其多视角、多维度、多层次的共享可能性，从而使人们的文化体验更加充实。

（一）第一人称视角

时代在变迁，科技在进步，这也赋予了文化遗产前所未有的生命力。尤其在数字时代，科技与文化交织在一起，为人们提供了从多个视角共享文化遗产的可能性。

· 051 ·

利用现代科技工具,例如,虚拟现实(VR)和增强现实(AR),可以实现对文化遗产的全方位呈现。借助这些创新技术,用户不再受限于物理空间和时间,可以随时随地以第一人称视角体验文化遗产。这不仅给人们带来了全新的感官体验,也让文化遗产得以在更广阔的空间内传播,使文化遗产获得更大的生命力。不仅如此,数字化技术还可以实现对文化遗产的全方位、无死角展示。这要得益于数字三维重建技术,它可以将文化遗产从各个角度进行精准的再现,这也意味着每一位用户都能从自己的视角欣赏文化遗产。无论是远在他乡的游客,还是无法亲自前往的学者,只要通过互联网,就能以近乎真实的方式欣赏和了解这些文化遗产。而且这种全方位的展示为人们提供了更丰富的观察视角,使人们能够更深入地理解和欣赏文化遗产的价值。在过去,人们只能从单一的角度欣赏文化遗产,而现在,人们可以从各种视角对其进行观察,甚至可以进入文化遗产的内部,这给人们带来了前所未有的体验。

(二)交叉学科的视角

在数字化的大背景下,文化遗产的研究视角被进一步拓宽,特别是交叉学科视角的构建,更是呈现出独特的价值。这一新趋势鼓励来自不同领域的专家学者共同深入探讨文化遗产,每一位研究者都能将自己的专业知识和视角带入其中,以深度探索文化遗产的内涵。艺术史学家可能对某一份文化遗产的艺术价值、历史背景有着深入理解;建筑师能从空间和结构的角度解读其艺术风格和技术特点;计算机科学家的参与可能是对文化遗产数字化重塑的技术实现进行深度剖析;心理学家则可能关注到观众在接触和体验文化遗产时的心理感受和行为反应。这些看似不同,甚至独立的学科领域,其实在数字化时代,却能通过文化遗产的研究实现无缝对接,共同揭示和构建文化遗产的多视角理解。

这种跨学科的研究方式不仅能将文化遗产的理解和解读推向更高层次,也使每一位参与者都有机会通过互动交流,拓宽自己的视野,增进对其他领域的了解。这无疑将文化遗产的研究推向一个更宽广的舞台,使其在多元视角的共享下展现更加丰富的内涵和价值。还有一点不可否认的是,这种跨学科合作的新模式,实质上是将各个学科的知识体系进行交融与整合,让每一位研究者都能从多元化的视角理解和解读文化遗产,实现知识的共享和普及。这样一来,文化遗产的学术价值和社会价值都得到进一步提升，为文化遗产的传承和发展注入了新的动力。

（三）个体差异化视角

在全新的数字时代，文化遗产不再只是被冠以统一标准的展示物，而是被赋予更深的维度、更人性化的体验以及更丰富的内涵。大数据和用户行为分析的发展使这一转变成为可能，因为它们可以深入到每一位用户的行为习惯，了解每一位用户的独特需求，从而形成个性化的推荐和展示。正是这种个体差异化视角的发掘，让每一个接触到文化遗产的人，都能发现属于自己的独特理解和感受。在此过程中，每一位用户都成为文化遗产共享的主体，他们的观察、体验和理解将构成文化遗产多元化、个性化的呈现形态。这种独特的理解和感受可以通过个性化的推荐和展示方式体现出来。比如，对于喜欢历史的用户，可以推荐与历史相关的文化遗产资料；对于喜欢艺术的用户，可以推荐具有艺术价值的文化遗产作品。这样一来，不同用户就可以在他们感兴趣的领域里发现和了解文化遗产，从而更深入地理解和欣赏它们。并且，这种个性化的推荐和展示，也会让每一位用户觉得自己的需求和兴趣得到了尊重和重视，从而提高他们对文化遗产的兴趣和参与度。这不仅可以让更多的人了解和接触到文化遗产，还可以让每一个人都能从自己的视角欣赏和理解它，从而进一步提升文化遗产的社会价值。

（四）时间轴视角

数字时代的文化遗产资源共享，不仅限于空间的广度，也深化到了时间的长度，为文化遗产的理解提供了全新视角，即时间轴视角。这一视角能够直观地呈现文化遗产历史沿革的脉络，让观者仿佛身临其境一般，进一步领略文化遗产的魅力和价值。时间轴视角的引入，充分体现了数字技术的强大力量。它能让观者清晰地观察和理解文化遗产在历史长河中的演变过程，比如，古建筑的建造过程、文化符号的演变轨迹、艺术作品的创作背景等，都可以在数字技术的支持下，以生动、直观的方式呈现出来。这种直观的呈现方式，无疑提升了文化遗产的观赏价值和教育意义。这种时间轴视角不仅能帮助观者理解文化遗产的历史背景和内在逻辑，也能触发观者对历史和文化的深度思考，进一步提升其对文化遗产的认知深度和广度。在这个过程中，文化遗产的独特魅力和价值得到了最大限度的体现和发掘，从而实现了其价值的最大化。在数字化技术的助力下，文化遗产的历史演变过程仿佛活了过来，带领观者穿越千年历史，体验历史的魅力和文化的深厚底蕴。这种全新的观赏体验，极大地提升了文化遗产的观赏价值，同时让更多的人对文化遗产产生了浓厚的兴趣，从而为文化遗产的传承和发扬奠定了坚实的基础。

二、数字化技术也使文化遗产从多个维度被共享

随着数字化技术的发展与普及，文化遗产的共享已不再局限于物理形式，而是跨越了技术、文化、教育、社会等多个维度。每个维度都为文化遗产的理解与利用提供了新的视角和可能性，进一步推动了文化遗产的多元共享。借助数字化技术，人们能够在多个维度中探索和体验文化遗产，实现真正意义上的多视角、多维度、多层次共享。其中，具体维度如图3-1所示。

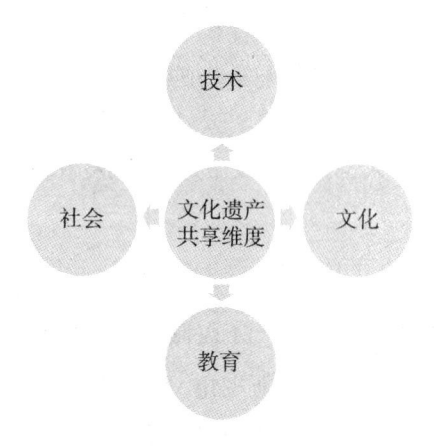

图3-1 数字化技术促进文化遗产共享的主要维度

（一）技术维度

数字化时代的崛起为文化遗产的共享和传承提供了全新的途径和工具。众所周知，一份文化遗产的价值和魅力，并非仅在于其形态的存在，更在于其所蕴含的历史、文化、艺术等元素的交织和碰撞。在这个意义上，数字化技术的

第三章　意义：数字时代赋能文化遗产价值最大化

应用能够帮助人们从多个维度感知、理解和共享文化遗产。

从技术维度来看，数字化技术提供了许多可行的手段和工具，将文化遗产的展示提升至全新的高度。比如，三维建模技术的利用，使文化遗产的物理形态被精准复制和还原，不再受时间和空间的限制。它能将文化遗产的每一个细节都完美展现，使观者仿佛置身于真实的文化遗产中，可以从任何角度观察和欣赏，这无疑大大丰富了文化遗产的展示方式，也提升了观者的观赏体验。另外，VR/AR 技术的应用，也将观者的体验推向了新的高度。通过这项技术，观者可以以第一人称的视角，身临其境地感受和体验文化遗产，仿佛真的走入了历史的长河，亲眼看见了文化遗产的诞生、发展和变迁的过程。这种全新的沉浸式体验，不仅能使观者更深入地理解和感知文化遗产，也使文化遗产的教育价值得到了充分体现和发挥。还有一点值得关注，即图像识别技术的运用为观者提供了对文化遗产更深层次理解的可能性。通过这项技术，观者可以扫描文化遗产的图像，获取更丰富的信息，如作者信息、创作背景、相关历史事件等，使文化遗产的价值和内涵全面地展现。这不仅拓宽了观者对文化遗产理解的视野，也使文化遗产的学术研究更加深入和细致。

（二）文化维度

文化遗产的魅力之一在于其背后所蕴藏的丰富的历史、传统和文化。在数字化时代，技术的进步为人们提供了从多个维度探索和理解文化遗产的新途径。

文化维度是一个极为重要的理解和评价文化遗产的角度。它强调文化遗产不仅仅是一种物质的存在，还是一个蕴含了丰富历史信息和文化内涵的载体。数字化技术的发展恰恰为这一理念提供了更加便捷和深入的工具。比如，数字故事讲述的方法可以通过声音、文字、图片、视频等多种形式，生动、直观地展示文化遗产的历史源流和发展过程，使观者能更好地理解文化遗产的历史价值和文化内涵。互动式展示也是数字化技术的一大应用，它能够使观者不再是被动的接收者，而是能主动地参与到文化遗产的体验和理解过程中。观者可以通过互动式展示了解文化遗产的制作工艺、使用场景、历史意义等方面的信息，从而对文化遗产有更加深入和全面的理解。这种互动式的体验方式，使每一位观者都可以从自己的角度理解和体验文化遗产,而不再受制于传统展示方式的局限。这无疑大大提升了文化遗产的观赏价值和教育意义,也使文化遗产的价值得以最大化地体现和传承。所以,从文化维度来看,数字化技术为文化遗产的多维度共享提供了可能性,它可以帮助人们更深入地理解和体验文化遗产,也使文化遗产的价值得以更好地传播和传承。因此,可以说,数字时代为文化遗产价值的最大化提供了强大的赋能。

(三) 教育维度

教育维度是评价文化遗产价值的重要方面,当今社会,越来越多的教育者和学习者正在利用数字化技术将文化遗产知识的传递变得更生动、更有效。在这个维度中,数字化技术展现出巨大的威力。比如,虚拟现实(VR)教学将学生带入一个全新的、三维的世界,让他们有机会亲自体验历史的变迁,探索古老的文明,犹如身临其境般近距离接触文化遗产。这种深度体验不仅能激发学生的学习兴趣,也能使他们更加深入地理解和记住知识。其中,在线教育平台是另一种重要的数字化工具,它可以提供丰富的学习资源,使学习者可以在任何时间、任何地点进行学习。平台中的视频讲座、动态图像、互动游戏等多样化教学形式,使文化遗产知识的传播更加生动、有趣,这对于提高学习效果、激发学习兴趣具有重要作用。游戏化学习正是利用游戏的吸引力,让学习者在娱乐中学习,这种方式使学习不再枯燥乏味,而是变得轻松有趣。比如,开发以文化遗产为主题的教育游戏,可以使学习者在游戏中了解历史故事,探索文化遗产,这种方式既能让学习者快乐地接触到文化遗产,也能使他们深入理解文化遗产的价值。

(四) 社会维度

文化遗产的数字化已经扩展到社会活动的诸多领域,如社区建设、城市规划、旅游推广等,具有重要的社会价值和意义。数字化工具和技术的广泛应用使文化遗产更加活跃地融入社会生活中,深化了人们对文化遗产的认知,扩大了文化遗产的影响力。数字化技术在社区建设中的应用可见一斑。许多社区运用数字化手段重塑和展示本地文化遗产,旨在加深社区成员对本地历史和文化的理解，增强社区凝聚力。数字化的文化遗产作为一种可触及的历史见证，通过它，社区成员可以了解和回溯过去，这对于增进社区内部的文化交流和认同感具有积极的推动作用。

城市规划和旅游推广也同样从数字化文化遗产中受益。数字化展示的魅力，吸引着大批的游客和投资者。它为城市赋予了独特的历史和文化魅力，大大促进了当地经济的发展。旅游业作为连接文化遗产与经济的重要桥梁，也因数字化展示方式的改变，让人们在游览过程中有更深刻的体验和理解，进一步提升了旅游的品质。值得关注的是，社交媒体平台等手段的运用，显著增强了公众对文化遗产的关注度和参与度。文化遗产的照片、故事和信息可以通过社交媒体快速传播，从而吸引更多的人关注。公众可以对文化遗产进行评论、分享和交流，形成对文化遗产的社会共识，这对于文化遗产的保护具有重要意义。

三、数字时代的文化遗产可以被多层次共享

在数字时代的浪潮中，文化遗产以全新的形态被多层次共享，从个体到社区，从国家到全球，各个层面都有着丰富的交流与互动。这种多层次的共享，赋予文化遗产以更深更广的影响力，使其跨越地域、时空的限制，真正实现全方位的共享。这种趋势不仅极大地丰富了人们的文化生活，也为文化遗产的保护和传承带来了新的可能。

（一）个体层次

数字时代为文化遗产提供了全新的展现方式，使之不仅在公众空间里得到呈现，也进入了个体的生活空间。借助网络和移动设备的便捷性，文化遗产实现了在时间和空间上的无障碍共享。这种共享不只局限于物理形态的观赏，也包括对文化遗产深层次内涵的理解和体验。

借助数字化工具，每一位接触者都能在任何时间、任何地点，触摸到遥远的文化遗产。这种无障碍的获取性让文化遗产的观赏不再受限于物理空间和时间，每个人都可以在空闲之余，通过一部手机或一台电脑，与古老的文化遗产进行零距离接触。这种数字化的浏览方式，不仅丰富了文化遗产的展现形式，

也让文化遗产的体验更加真实和生动。用户不仅能欣赏到精美的文化遗产，还能通过互动体验，如虚拟现实、增强现实等技术，进一步了解文化遗产的历史背景和文化内涵，并且数字化技术还使文化遗产成为个人生活的一部分。用户可以参与到文化遗产的数字化体验活动中，如制作自己的数字化文化遗产、分享和评论他人的作品等。这种参与性不仅增加了用户对文化遗产的了解，也使文化遗产成了用户日常生活中的一部分，从而使文化遗产的社会价值和个体意义大大提升。

（二）社区层次

数字化技术的力量在于其打破了地域、空间的限制，使文化遗产能够跨越物理边界，进入社区的生活空间。在此过程中，文化遗产不再仅仅是博物馆里的展品，而是成为社区成员共同的记忆和认知。每一块古老的石碑，每一部古籍，每一座古建筑，都可以在数字化的展现下，成为社区共享的文化资源，为社区的建设提供重要的支持。社区可以利用数字化工具，将其拥有的文化遗产进行展示。借助网络平台，文化遗产的图片、文字、音频、视频等多媒体形式可以被广泛传播，使社区成员无论身处何地，都能欣赏到本社区的文化遗产。这种展示方式不仅增加了文化遗产的可见度和可观性，也使社区成员对本社区的文化遗产有了更深入的了解。另外，文化遗产的数字化展示也可以促进社区文化的传承和交流。社区成员可以通过数字化平台，学习和了解文化遗产的历史、文化和艺术价值，从而深化对本社区文化的认识和理解。同时，可以把这些信息分享给其他社区，实现文化的交流和互动。更重要的是，文化遗产的数字化共享可以增强社区的凝聚力。文化遗产是社区历史和文化的载体，是社区成员共同的记忆。通过数字化展示和共享，社区成员可以共同回顾和感受社区的历史和文化，从而增强社区成员的归属感和认同感，提高社区的凝聚力。

（三）国家层次

从国家层面来讲，由于博物馆是保护和传承人类文明的重要场所，文物和文化遗产承载灿烂文明、传承历史文化、维系民族精神。在保护和管理好文物的同时，加强研究和利用，既是文物价值的彰显，也是文化的传承发展。文化遗产的数字化共享无疑是一个强有力的工具,可以增强国家文化自信,推动国家文化软实力的提升。数字化技术的发展可以使文化遗产得到更广泛地传播,进而提升国家在国际舞台上的文化影响力。

不可否认的是,每一份文化遗产,都是国家历史的见证,都是文化的瑰宝。利用数字化技术,可以将这些遗产精确地复制、保存和传播,使更多的人欣赏到国家文化的独特魅力。同时,通过动态的三维模型、高清的图片、翔实的文字,数字化技术能够让人们更直观地了解文化遗产的历史信息,感受其艺术价值,从而增强国家文化自信。尤其是在全球化的今天,文化软实力的重要性不言而喻。文化遗产的数字化共享,不仅能让世界了解一个国家的历史和文化,还能展示一个国家的科技实力和创新能力。网络平台的广泛应用,让国家可以将文化遗产向全世界人民展示,从而吸引全球的目光,提升国家形象。这不仅有助于提高国家在国际舞台上的影响力,也能促进文化交流和理解,有力地提升国家的文化软实力。还有一点需要强调,文化遗产的数字化可以推动国家的经济发展。比如,通过网络平台展示文化遗产,可以吸引全球的旅游者,带动旅游业的发展。同时,文化遗产的数字化研究和应用能推动数字技术的发展,从而创造新的经济增长点。

(四)全球层次

在全球化的背景下,文化遗产的数字化开启了一种新的方式,实现了跨越国界的共享,使全球公众都有机会触及、感知和理解各地的文化遗产。数字化技术的进步,如云计算、大数据等,使文化遗产信息的存储、处理和传输更便捷,为全球性的文化遗产共享打下坚实的基础。世界文化遗产网站的建设便是一个典型的例子。这个平台将全球的文化遗产资源汇集在一起,人们只需点击鼠标,便可以游览遥远的世界遗产,了解其深厚的历史背景和独特的文化内涵。无论是亚洲的世界遗产长城,还是欧洲的古罗马斗兽场,都可以通过这个平台为世界各地的人们所了解和欣赏。通过这种方式,文化遗产的价值得以最大化地发挥和传播,全球的公众都有机会接触到各种文化遗产,大大提升了文化遗产的公众参与度。更重要的是,全球范围内的文化遗产的数字化共享能够促进不同文化之间的交流和理解。人们可以通过这个平台,了解和欣赏各地的文化遗产,进而理解他们的历史、文化和价值观。这种交流和理解有助于消除文化隔阂,推动世界和平与发展。同时,为全球文化遗产的保护提供了新的方法和手段。

第二节　赋予文化遗产更强的时代生命力

处于数字时代的今天,文化遗产在保护、传播、展示、研究等方面都获得了强大的生命力。数字化工具、数字传媒、数字技术以及数字信息挖掘的广泛使用,为文化遗产的保护和研究提供了强有力的支撑,同时大大提高了文化遗产的影响力,所有这些都使文化遗产在数字时代得到更好地发展。它们的优势并非独立存在,而是相互关联、相互影响的,从而形成了一个庞大、多元、互动的文化遗产生态系统。这样的变化不仅提升了文化遗产的价值和意义,更使其得以跨越时间和空间的限制,为更多人所了解、所接触、所研究。

一、数字化工具让文化遗产得到更好的保护

数字化工具的发展,无疑赋予了文化遗产更强大的时代生命力。这些工具不仅可以实现文化遗产的无损保存,还可以通过大数据分析洞察文化遗产的深层次信息,从而为其保护提供新颖和精准的策略。数字化工具的普及也使公众的文化遗产保护意识得到提升,形成了全社会共同守护文化遗产的良好氛围。

(一)数字化工具可以提供无损的保存方式

数字化工具的优势在于提供无损的保存方式。对于文化遗产,这意味着无须再受制于环境和时间的影响,无须承受物理环境变化带来的损害。在传统的保护方式中,许多因素都可能导致文化遗产遭受损失,如湿度、温度、光照等,甚至人为因素也可能成为威胁。然而,数字化工具则避免了这些问题,使保护工作更容易、更安全。

高清扫描和摄影技术就是数字化工具的一种应用,其可以对各种形式的文化遗产进行数字化复制,无论是书籍、绘画,还是雕塑,都能被精确地复制,形状、颜色等属性都能被永久保存。这不仅让文化遗产在物理上得以保存,而

且还能保留其原有的精神内涵。有了数字化工具的辅助，文化遗产的保护效率也得到了极大提高。而且，在传统的保护方式中，往往需要消耗大量的人力和物力，数字化工具则能让这一过程变得更简单，只需通过设备进行扫描或拍摄，就能完成复制和保存工作。而且，数字化保存的文化遗产不会因为时间的推移而损失，让永久的保存成为可能。更重要的是，数字化工具使文化遗产的分享和传播变得更便利。在传统的保护方式中，文化遗产的传播和分享往往会受到许多限制，如地点、时间、人数等，数字化工具的应用则打破了这些限制，只要有网络，人们就能随时随地查看文化遗产的数字化复制品，感受其独特的魅力。

（二）数字化工具可以进行大数据分析

大数据分析对于文化遗产的保护意义深远，这源于它所提供的预测和管理能力。实时监控和数据分析是大数据技术的核心应用之一，通过对文化遗产的环境和状态进行不间断的监控，收集和分析大量的数据，可掌握文化遗产的变化情况，甚至预测未来的变化趋势。借此，人们可以提前采取保护措施，避免对文化遗产造成不可逆的损害。这种预测和预防的方式，对于文化遗产的保护有着巨大的价值。

物联网技术进一步拓展了大数据分析的应用场景，智能化的文化遗产保护系统便是其成果之一。这个系统能够进行精确的数据采集和分析，通过各种传感器收集文化遗产的各项数据，如湿度、温度、光照等，然后通过大数据分析技术，实现对文化遗产的精细化管理。智能化的保护系统不仅可以提高保护效率，还可以提高保护效果，防止文化遗产遭受无法预知的损害。另外，大数据分析还可以为文化遗产的保护和传播提供决策支持。通过分析文化遗产的访问量、人们的反馈、社会的关注度等信息，可以了解文化遗产在社会中的影响力，从而制定更合理的保护和传播策略。比如，对于具有较高关注度的文化遗产，可以采取更积极的推广策略，使其更好地服务于社会；对于关注度较低的文化遗产，可以寻找原因，进行必要的改进，以提升其影响力。

(三)数字化工具可以为文化遗产提供创新的保护方式

赋予文化遗产更强的时代生命力,数字化工具提供的创新保护方式起到了举足轻重的作用。其中,虚拟现实和增强现实技术的运用,无疑为文化遗产的保护开创了新的可能性。

虚拟现实技术使有关从业人员得以构建虚拟的文化遗产博物馆,它不再仅仅是一个空间,而是可以带给人们身临其境般的体验。在这种体验中,公众可以近距离欣赏文化遗产,感受它们的魅力,且不会对实物产生直接的影响。这种方式既满足了公众的欣赏需求,又保护了文化遗产的原始状态,其意义不言而喻。增强现实技术提供了另一种保护方式。它将虚拟信息叠加到真实世界中,使文化遗产的展示和解读变得更加生动和直观。比如,对于一些古老的建筑,有关从业人员可以通过增强现实技术看到它们在不同历史时期的样貌,了解它们的变迁历程。这种方式不仅有助于公众更深入地理解文化遗产,也有助于保护和传承文化遗产。然而,创新的保护方式并不意味着传统保护方式的废弃。相反,数字化工具的创新运用,是对传统保护方式的补充和提升。虚拟现实和增强现实技术的使用,是在对文化遗产尊重和理解的基础上,为其注入新的时代元素,使其在新的时代背景下焕发新的生命力。

(四)数字化工具可以增强公众的文化遗产保护意识

赋予文化遗产更强的时代生命力,关键在于将其与当代社会相融合,而其中的一个重要途径便是增强公众的文化遗产保护意识。数字化工具在这方面发挥着不可忽视的作用。网络平台的出现为公众提供了了解和参与文化遗产保护的机会。在这里,人们可以学习关于文化遗产保护的知识,理解其重要性,也可以了解文化遗产保护的具体手段和方法。这种普及教育的方式,犹如播种在土壤中的种子,使每个人都有可能成为文化遗产保护的参与者。网络平台也是文化遗产保护经验分享的重要场所。各地的文化遗产保护者可以在这里分享他们的实践经验,为他人的工作提供参考和启示。这种互动的方式,增强了公众对文化遗产保护工作的了解,提高了他们的参与热情。不仅如此,网络平台也使文化遗产的展示和传播变得更加便捷。各类文化遗产的图片、文字介绍、视频讲解等，都可以在网络上进行分享，使更多人有机会近距离接触文化遗产，从而增强他们的保护意识。

二、数字传媒让文化遗产得到更广泛的传播

在数字技术的加持下，文化遗产的展现方式确实得到了前所未有的创新。它的传播不仅变得更加便捷，而且呈现出更为立体和多元的形态，丰富的互动方式也增强了公众的参与度和体验感。此外，数字传媒的特性还使文化遗产的传播具有更大的普及性和持久性，让文化遗产在时间和空间上产生更广泛和深远的影响，并展现强大的时代生命力。

（一）数字传媒让文化遗产的传播更加便捷

数字传媒的出现使文化遗产的传播变得更加便捷。在人们以往的认知中，文化遗产的传播主要依赖实体媒介和口耳相传，受到地理、时间等因素的限制。然而，现在有了数字传媒，这些限制被打破，使文化遗产可以以电子形式在网络中流动。只要人们连接到互联网，就能接触到来自世界各地的文化遗产。还有一点值得关注，那就是数字传媒为文化遗产的传播带来了更广泛的传播范围。过去，想要了解某个地区的文化遗产，人们需要亲自前往，或者通过图书、纪录片等实体媒介获取信息。而现在，人们只需要通过互联网，就能远程了解、观赏和学习各种文化遗产，数字传媒使文化遗产的传播不再受制于地理距离。另外，数字传媒也为文化遗产的传播提供了互动性和参与性。通过数字媒体平台，人们可以进行在线交流和互动，分享对文化遗产的理解和感受。人们可以在社交媒体上评论、点赞、分享对文化遗产的观点，这种互动让传统的文化遗产变得更加活跃和有趣。同时，数字传媒为人们提供了参与式的体验，例如，通过虚拟现实技术参观历史古迹，或者通过在线学习平台参与文化遗产保护和传承的课程。

（二）数字传媒让文化遗产的传播更为立体、多元

利用数字传媒可以让文化遗产的传播更为立体、多元。传统的传播方式通常依赖文字和图片，这种形式难以准确地呈现文化遗产的立体特征和环境背景。然而，借助数字传媒，有关从业人员可以利用视频、音频、3D模型等多

种形式展示文化遗产,从而全方位地展现其风貌,使人们能够更直观、更深入地了解文化遗产。通过数字传媒,博物馆可以使用视频展示文化遗产,视频能够记录文化遗产的实际场景和动态过程,让观众仿佛亲临现场。比如,通过拍摄文化遗产的周围环境、建筑细节以及相关的人文活动,视频能够将文化遗产的丰富内涵传递给观众。观众可以欣赏文化遗产的魅力,感受其独特的历史韵味。音频也是数字传媒中的一个重要元素,它可以丰富文化遗产的传播形式。通过音频,工作人员可以传达文化遗产中的声音、音乐和故事。比如,通过录制文化遗产中的自然声音、传统音乐演奏或者解说员的讲解,使观众通过听觉感受文化遗产的魅力。音频的运用可以让文化遗产更加生动有趣,激发观众的情感共鸣和参与度。除此之外,数字传媒还可以利用 3D 模型等技术展示文化遗产的立体特征。通过建模和渲染,可以呈现文化遗产的三维模型,让观众在虚拟环境中自由地探索和观察。观众可以从各个角度欣赏文化遗产的细节,了解其结构、材料和艺术特色。这种立体化的展示方式可以更好地传递文化遗产的美感和艺术价值,增强观众的互动体验和参与感。

(三)数字传媒能促进文化遗产的互动传播

数字传媒不仅能让文化遗产广泛传播,还能促进文化遗产的互动传播。在数字传媒的平台上,人们不再是被动接受信息的接收者,而是有机会成为信息的传播者,通过评论、分享、创作等方式积极参与文化遗产的传播,为其赋予更多的活力和影响力。人们通过数字传媒平台,可以与他人分享对文化遗产的看法。他们可以发表自己的看法,也可以评论其他人的观点,从而形成一个互动的讨论氛围。这种互动传播可以促进不同观点的碰撞和交流,使人们更全面地了解文化遗产,并从中获得新的思考和启发。同时,人们通过数字传媒平台,可以轻松地分享文化遗产的信息和内容。他们可以将自己对文化遗产的理解和感受通过社交媒体、博客等渠道分享给他人。这种分享行为不仅可以让更多人了解文化遗产的存在,还可以引发更多人的兴趣和关注,从而扩大文化遗产的影响力和传播范围。此外,数字传媒还提供了创作的机会,使人们可以通过自己的作品传播文化遗产。比如,人们可以创作短视频、图文故事、艺术作品等,将文化遗产融入其中,向他人展示自己对文化遗产的理解和看法。这种创作活动不仅丰富了文化遗产的呈现方式，还促使更多人参与到文化遗产传播的过程中，从而增强了文化遗产的时代生命力。

（四）数字传媒可以让文化遗产的传播具有更强的普及性和持久性

数字传媒给文化遗产的传播带来了更强的普及性和持久性。通过数字化，文化遗产的信息可以被永久保存在网络中，而不受时间的限制。同时，人们可以随时随地接触到这些信息，从而扩大文化遗产的受众群体，使其价值得到最大化的传播和利用。正因为如此，数字化的文化遗产信息更具持久性。

相比于传统的实体媒介，数字传媒使文化遗产的信息能够长期保存在网络中。这意味着即使随着时间的推移，文化遗产的信息也不会丢失或破坏。人们可以通过互联网随时检索和浏览这些信息，从而更好地了解和学习文化遗产。这种持久性的传播方式使文化遗产的价值和意义被世代传承，并为后人所共享。另外，数字传媒也扩大了文化遗产的受众群体。通过数字化的传播方式，文化遗产的信息可以被广泛传播和获取，不再受限于地理位置和时间，人们可以通过网络随时随地接触到文化遗产的信息。这使传统的文化遗产不再局限于特定的地区或群体，而是能被更多人所认知、欣赏和学习。数字传媒的普及性让文化遗产的价值得到了最大化的传播和分享，促进了文化的多元交流和交融。

三、数字技术让文化遗产的展现方式实现创新

数字技术的运用在文化遗产的展现方式上开启了新的篇章，使其充满生命力。这些技术使表现形式更加多元化，增添了展示过程的互动性，打破了空间限制，更重要的是，它使文化遗产的普及性得到了提升。所有这些变化都标志着人们正在用全新的方式更直观且深入地理解和体验文化遗产，让它们在数字时代焕发新的光彩。

（一）数字技术让文化遗产的展现方式更加多元化

数字技术给文化遗产的展现方式带来了创新。在过去，文化遗产的展示主要依赖实体展览和静态图片，如今通过运用虚拟现实（VR）、增强现实（AR）等技术，观众可以获得更加多元化和沉浸式的体验。通过佩戴VR设备，观众

可以身临其境地游览古老建筑、参观博物馆展览，甚至可以看到历史事件的重现。虚拟现实技术为观众带来了逼真的视觉和听觉体验，让他们能够更加深入地感受和理解文化遗产的独特魅力。而增强现实技术则通过在现实世界中叠加文化遗产的信息，为人们提供更具互动性的沉浸式观赏体验。观众可以使用智能手机、平板电脑或 AR 眼镜等设备，在现实环境中观看虚拟的文化遗产展示。这些虚拟元素可以是三维模型、文字解说、音频讲解等，也可以让观众更加直观地了解文化遗产的历史、故事和背景。增强现实技术使观众能够与文化遗产进行互动，探索隐藏在其中的细节和信息，为观众创造了一个与文化遗产互动的全新方式。

除了虚拟现实和增强现实技术，数字技术还带来了其他创新的展示形式。比如，通过交互式应用程序和网站，观众可以自主选择文化遗产的展示内容，深入挖掘自己感兴趣的方面。数字技术还可以使文化遗产以动画、视频、音频等形式呈现，让观众在观赏中获得更多的信息和体验。这种多样化的展示形式丰富了观众的视觉和感官体验，激发了他们对文化遗产的兴趣和好奇心。

（二）数字技术让文化遗产的展现过程具有互动性

数字技术让文化遗产的展现方式得到了创新，并且为观众提供了更具互动性的体验。在数字平台上，观众可以通过点击、拖动、缩放等操作自由地探索文化遗产，甚至参与到文化遗产的重塑过程中，例如，通过数字化工具绘制古代壁画、编织民族纹样等。这种互动方式不仅让观众享受了参与的乐趣，还让他们能够更深入地了解和参与到文化遗产中。通过数字技术，观众可以自主地进行互动操作，探索文化遗产的细节和内涵。他们可以通过点击图片或模型获取更多的信息，拖动画面或缩放图像改变视角，以便更全面地了解文化遗产的各个方面。这种互动性的展现方式使观众能够根据自己的兴趣和需求探索文化遗产，以获得个性化的观赏体验。

此外，数字技术还提供了更高级的互动参与方式，让观众能够参与文化遗产的重塑过程。比如，他们可以利用虚拟绘画工具绘制古代壁画的缺失部分，使用编织软件重新编织民族纹样，以实现文化遗产的保护和再现。这种互动参与让观众不仅仅是被动地欣赏文化遗产，还成为创作者和保护者之一。

（三）数字技术让文化遗产的展示突破空间限制

数字技术让文化遗产的展现方式实现了创新，并且突破了空间限制。通过应用 3D 扫描和建模技术，文化遗产的形态和细节可以被精确复制，并在网络上进行展示，这样一来，观众无须亲自到场，就能欣赏世界各地的文化遗产。具体来说，专业的技术人员可以使用激光扫描仪、激光雷达等设备对文化遗产进行扫描，获取其三维形态和细节信息。然后，将这些扫描数据转化为数字模型，再通过计算机图形技术进行建模和渲染，以呈现真实的文化遗产场景。这些数字模型可以在网络上进行展示，让观众通过计算机、手机或其他数字设备观赏和探索文化遗产。

通过数字技术，观众无论身在何处，只需通过网络连接，就能远程欣赏文化遗产的精确复制。这种数字展示方式极大地拓宽了观众的视野，使他们可以欣赏到世界各地的文化遗产，无论是古老的建筑、艺术品，还是历史遗迹，都可以通过数字展示方式突破时空限制。在这里，通过数字展示，观众还能以自己的节奏和时间深入了解文化遗产。他们可以通过缩放、旋转等操作观察文化遗产的各个角度和细节，更好地理解文化遗产的独特之处。这种互动性和自主性的展示方式使观众能够以更深入的方式与文化遗产互动，从而提高观众对其的认知和体验感。

（四）数字技术让文化遗产的展示更具普及性

数字技术让文化遗产的展现方式更具普及性。无论是在学校的课堂上，还是在家中，只要连接到互联网，人们就可以轻松地"接触到"各种精美的文化遗产，这极大地提高了文化遗产的普及率。其间，通过数字技术，文化遗产的展示可以以多种形式呈现在互联网上。人们可以通过在线博物馆、艺术画廊、数字档案等平台，浏览世界各地的文化遗产。无论是古老的建筑、珍贵的艺术品，还是传统的手工艺品，都可以通过数字展示方式呈现出来。观众可以通过网络浏览器、智能手机或平板电脑，随时随地欣赏这些文化遗产的照片、视频、音频和文字介绍，深入了解其历史、背景和价值。

无论是教育机构还是个人用户，只要有网络连接，就能轻松访问各种文化遗产的信息。在学校的课堂上，教师可以利用数字技术向学生展示文化遗产的丰富多样性，拓宽他们的视野。学生可以通过在线学习平台或教育资源网站，参与到与文化遗产相关的课程和活动中，深入了解和学习文化遗产的知识。人们也可以利用家中的闲暇时间通过数字技术探索文化遗产。他们可以通过社交媒体、在线论坛或专门的文化遗产平台，与其他人分享对文化遗产的兴趣和热爱。这种数字化的交流和互动促进了文化遗产的广泛传播，使更多人了解和关注文化遗产，为其赋予了更强的时代生命力。

四、数字信息挖掘让文化遗产得以被深度研究

数字信息挖掘为文化遗产的研究注入了新的活力，无疑使其更具时代生命力。借助这一技术，工作人员得以获取大量的数据资源，拓展对文化遗产的研究深度和广度，并显著提升研究效率。这样的深度和广度，如同一扇窗，让人们看到文化遗产的多个方面，让人们更深入地理解和感受文化遗产的独特价值，更好地守护这些无声的历史。

（一）数字信息挖掘为文化遗产的研究提供了大量的数据资源

数字信息挖掘为文化遗产的研究提供了丰富且有价值的数据资源，实现了对文化遗产的深度研究。以往对文化遗产的研究主要依赖人工收集和整理数据，但现在通过数字技术的应用，如3D扫描、图像识别等技术，可以快速而准确地获取文化遗产的各类数据，如形态、颜色、纹理、位置等。这些数据不仅数量庞大，而且精度高，极大地丰富了文化遗产的研究材料。通过3D扫描技术，可以将文化遗产以精确的三维模型形式呈现出来。这些模型包含文化遗产的形态、细节、材质等信息，为研究人员提供了深入了解文化遗产的基础。图像识别技术可以对文化遗产的图像进行智能识别和分析，从而获取更多的信息和细节。这些数字化的数据资源不仅对文化遗产进行了详尽描述，而且为研究者提供了更多的参考和分析依据。

另外，通过数字技术，可以收集和整理大量的文化遗产数据，形成一个庞大的数据库。研究者可以利用数据挖掘和分析技术，深入挖掘其中的关联和规律。例如，通过对文化遗产的3D模型进行比对和分析，可以揭示不同文化遗产之间的共性和差异，探索其背后的历史、文化和艺术特征。这种数

据驱动的研究方法能够为文化遗产的保护、传承和展示提供更加科学和精确的指导。

（二）数字信息挖掘让文化遗产的研究更具深度

通过运用大数据分析、机器学习等技术，研究者可以从大量数据中发现文化遗产的规律和特点，从而提炼出有价值的信息，如文化遗产的演变过程、文化遗产与社会环境的关系等。这些深度信息为人们提供了新的视角，深化了人们对文化遗产的理解。

通过收集和分析大量相关数据，研究者可以发现文化遗产的内在规律和趋势。比如，利用大数据分析，可以比较不同时期文化遗产的特点和变化，揭示其演变的规律和原因。机器学习技术可以通过对大量文化遗产数据进行训练和分析，自动识别其中的关联和模式，从而揭示文化遗产与社会环境、历史背景等因素的关系。这些深度的分析和挖掘为文化遗产的研究提供了更加准确和全面的依据。通过大数据分析，可以获取大量文化遗产的相关数据，这些数据包括建筑结构、艺术风格、历史背景、地理位置等多个方面。研究者可以利用这些数据进行横向比较和纵向分析，从而对文化遗产产生更加准确和全面的认知。机器学习技术能够从数据中学习和识别模式，自动发现文化遗产之间的相似性和差异性。这种科学性和系统性的研究方法为文化遗产的研究提供了更加可靠和严谨的基础。通过运用大数据分析和机器学习技术，研究者可以从大量数据中挖掘出文化遗产的深度信息，揭示其内在的规律和特点，从而为人们提供新的视角和认知。

（三）数字信息挖掘让文化遗产的研究更具广泛性

在网络平台上，来自世界各地的研究者可以共享文化遗产的数据和研究成果，形成一个开放的研究网络。这种开放性的研究环境不仅让文化遗产的研究更加多元化，也促进了各个学科和领域之间的交叉融合。数字信息挖掘为文化遗产研究者提供了一个开放而广泛的平台，使他们能够获取丰富的文化遗产数据。通过网络平台，研究者可以分享自己的研究成果、数据集和方法，也可以浏览和获取其他研究者的研究成果。这种开放性的共享模式促进了不同研究者之间的交流与合作，使文化遗产的研究更具广泛性。

通过数字技术，来自不同学科背景的研究者可以在同一平台上共同研究文化遗产。例如，艺术史学家、建筑学家、考古学家、社会学家等可以共享彼此的研究成果，从不同角度探索文化遗产的内涵和意义。这种跨学科的合作和交流促进了研究人员对文化遗产的全面理解，同时为文化遗产的保护、传承和展示提供了更全面的思考和方案。通过数字平台，世界各地的文化遗产可以被研究者共同讨论和比较。这种跨文化的对比研究有助于发掘不同文化之间的共通性和差异性，促进文化遗产的全球交流和共享。另外，这种广泛性的研究网络也有助于促进文化遗产的多元性和包容性，让更多人了解和欣赏不同文化背景下的遗产，从而推动文化多样性的保护和发展。

（四）数字信息挖掘提高了文化遗产研究的效率

相比于以往需要耗费大量时间和劳力的人工研究，现在可以通过计算机程序自动化地完成数据收集、数据分析等烦琐的工作，使研究者能够将更多的精力投入文化遗产的解读和创新中。通过数字信息挖掘的技术手段，研究者能够利用计算机程序快速、准确地收集和整理大量文化遗产数据。这些数据来源于文物文献、考古发掘报告、历史档案、学术论文等多种途径。相比于人工搜集，数字化的数据收集能够在较短的时间内获取更全面、更丰富的数据资源，这为文化遗产的深度研究奠定了坚实的基础。

在数据分析方面，数字信息挖掘技术能够通过计算机程序实现自动化和高效率处理。研究者可以利用数据挖掘、机器学习等技术，从庞大的数据集中提取有价值的信息和模式。通过自动化的分析方法，可以快速发现文化遗产的规律、趋势和特点，从而深入研究文化遗产的内涵和意义。在计算机程序的辅助下，研究者还可以进行大规模的数据处理和模拟实验，挖掘文化遗产中的新现象、新关系和新思维。

第三节　助力文化遗产的经济价值最大化

随着科技的日新月异，数字时代的飞速发展正深刻影响着文化遗产的保护、传播、利用和管理。一方面，数字技术的应用极大地提升了文化遗产的价值识别和利用效率，充分释放了其内在的经济潜力；另一方面，数字化展示和传播方式拓宽了文化遗产的市场范围，使其能够产生更多的经济收益。同时，数字技术大大推动了文化遗产的创新应用和衍生产业发展，开辟出新的增长点。而在文化遗产的管理和保护方面，数字技术的介入也使整个过程更加科学、精准和高效。

一、数字技术可以提升文化遗产的价值识别和利用效率

在数字时代，通过大数据分析、机器学习等技术，可以更准确地评估文化遗产的经济价值，精准挖掘其潜在价值。这为文化遗产的有效利用、价值最大化提供了重要依据。

（一）高效的价值识别

通过运用大数据分析、机器学习等技术，文化遗产的价值识别过程变得更加高效且精确。通过对大量文化遗产信息进行筛选和整理，可以对文化遗产的价值进行精准定位。利用大数据分析、机器学习等技术，研究者可以快速分析全球用户的浏览量、点击量、评论等数据，从而了解哪些文化遗产更具吸引力。通过对这些数据的分析，可以精准识别出具有高价值的文化遗产。这种高效的价值识别过程可以帮助决策者和文化机构更加准确地评估和利用文化遗产的经济价值。

（二）提升利用效率

在提升利用效率方面，通过人工智能、虚拟现实等技术手段，可以优化文化遗产的利用过程，提高其利用效率，并为最终的决策提供有力的支持。

具体而言，利用人工智能和虚拟现实技术，可以进行文化遗产利用方案的模拟和评估。通过建立模型和算法，可以模拟文化遗产作为不同角色时应呈现的效果，如作为旅游景点、文化展览中心、教育研究基地等。通过模拟实验预测和评估不同利用方案的效果，从而为最优选择提供参考。这种基于数字技术的模拟和评估，可以节省大量的时间和资源，大大提高文化遗产的利用效率。

二、利用数字技术，可以创新文化遗产服务模式

数字技术的应用，可以开展线上虚拟参观、互动式教育等服务模式，使更多人接触和了解文化遗产，并实现文化遗产的价值最大化。

一种创新的文化遗产服务模式是线上虚拟参观。利用虚拟现实（VR）技术，人们可以在家中通过电子设备全方位、无死角地游览世界各地的文化遗产。这种线上虚拟参观不受时间和地域的限制，使更多人能够感受到文化遗产的魅力，拓展了文化遗产的受众群体，进而提高了文化遗产的利用效率。另一种创新的文化遗产服务模式是互动式教育。数字技术可以通过游戏化、多媒体等方式，提供丰富而有趣的文化遗产教育内容，提高学习者的兴趣和参与度。比如，通过在线教育平台，人们可以参与到虚拟考古挖掘、历史角色扮演等互动式学习活动中，深入了解文化遗产的历史背景和价值。这种互动式教育模式不仅使学习者更加积极主动地参与文化遗产的学习，也为文化遗产的经济利用培养了更多的人才。

除此之外，数字技术还可以通过电子商务等方式，促进文化遗产的线上销售和推广。通过建立电子商务平台，文化遗产产品可以迅速覆盖更广泛的市场，吸引更多的消费者。通过在线推广、个性化推荐等技术手段，可以增加文化遗产产品的曝光度和销售量，实现文化遗产的商业化价值。

三、数字化展示和传播方式可以增加文化遗产的经济收益

通过 3D 扫描、虚拟现实、增强现实等技术，文化遗产可以被数字化展示，吸引更多的游客和观众。另外，通过网络平台进行传播，可以扩大其影响范围，吸引全球用户，这都将使文化遗产通过门票收入、版权收入等创造经济收益。

（一）扩大文化遗产的接触范围

数字化展示和传播方式可以通过扩大接触范围增加文化遗产的经济收益。这些数字化的方式可以让文化遗产跨越地理限制，被全球观众接触和欣赏，从而大大扩大了文化遗产的受众群体和影响力。

通过数字化展示和传播，文化遗产可以实现 24 小时全天候的在线展示，

不受时间和地域限制。这种全球性的展示方式使更多人能够接触到文化遗产，激发他们对文化遗产的兴趣，进而带动文化遗产相关产业的发展。观众可以通过网络直播、在线展览等方式参与到文化遗产的观赏和互动中，这不仅丰富了他们的文化体验，也为文化遗产的商业价值创造了更多机会。人们可以通过分享、点赞、评论等方式在社交媒体上与他人交流和互动，将自己对文化遗产的欣赏和推荐分享给更广泛的人群。这种社交媒体的互动传播方式可以扩大文化遗产的影响范围，吸引更多人关注和参与，进而促进相关产业的发展。

（二）优化文化遗产的传播模式

数字化展示和传播方式能够通过优化传播模式增加文化遗产的经济收益。传统的文化遗产展示和传播方式往往依赖物理场所和实物展品，而数字化技术则能创新这些模式，引入线上虚拟展览、增强现实体验等方式，从而吸引更多的参与者，创造更多的经济收益。

通过线上虚拟展览，人们可以利用网络平台远程参观文化遗产，无须受限于时间和地理位置。这种数字化的展示方式大大拓展了文化遗产的观众群体，让更多人有机会欣赏和了解文化遗产，进而激发了人们对文化遗产的兴趣和热情。这种创新的展示方式为文化遗产的商业化利用提供了更多机会，例如，通过在线销售与文化遗产相关的产品和纪念品，进一步增加经济收益。还可以通过手机或其他设备将虚拟的文化遗产信息叠加在实际场景中，就能带来更加丰富且具有互动性的观赏体验。这种创新的体验方式不仅吸引了更多观众，也为文化遗产的商业化利用提供了更多的可能性。例如，利用AR技术，可以开展基于文化遗产的虚拟导览、互动游戏等活动，吸引观众的参与，增加经济收益。

（三）提升文化遗产的商业价值

数字化展示和传播方式可以通过提升文化遗产的商业价值增加其经济收益。结合游戏化元素的文化遗产应用、文化遗产IP的开发等方式，能够进一步提升文化遗产的商业价值，吸引更多人参与，提高经济收益。比如，开发基于文化遗产的游戏应用，让用户在游戏中探索和解密与文化遗产相关的场景和故事，既提供了娱乐性的游戏体验，又传播和推广了文化遗产。这种游戏化的互动方式吸引了更多年轻人参与，拓展了文化遗产的受众群体，进而增加了文化遗产的商业价值和经济收益。

另外，开发和运用文化遗产的知识产权（IP）也能提升其商业价值。通过将文化遗产转化为品牌化的IP，可以推出衍生产品、授权合作等商业化运营方式，进一步拓展文化遗产在商业领域的发展。比如，将文化遗产中的图案、符号等应用于商品设计，推出与文化遗产相关的纪念品、手工艺品等，从而实现文化遗产的商业化利用，增加经济收益。

（四）拓宽文化遗产的收益渠道

在传播过程中，文化遗产可以获得多元化的收益渠道，从而创造新的经济收益。拓宽收益渠道的方式之一是数字内容的销售。数字化展示和传播使文化遗产能以数字的形式呈现，通过在线平台销售数字内容，如电子书籍、音频、视频等，让更多人购买和享受文化遗产的内容，进而增加经济收益。例如，可以将与文化遗产相关的电子书籍在电子商务平台上进行销售，将文化遗产的音频和视频通过在线音乐平台和视频平台进行推广和销售。还有一种拓宽收益渠道的方式是数字产品的推广。数字化展示和传播方式可以为文化遗产打造相关的数字产品，如周边商品、文化衍生品等，然后通过线上渠道进行推广和销售。这些数字产品与文化遗产相关，具有独特的设计和意义，因此可以吸引很多人关注和购买，如文化遗产的图案和符号可以应用于文化衍生品的设计，然后通过在线商店进行销售。此外，也可以通过在线平台提供付费的VR文化遗产导览服务，或在文化遗产景区提供AR体验设备，吸引游客支付费用参与虚拟体验。

四、数字技术可以促进文化遗产的创新应用和衍生产业发展

以数字技术为基础，可以开发出各种基于文化遗产的创新产品和服务，如文化旅游、文化教育、文化娱乐等，这也将带来新的经济收益。同时，可以通过推动相关的硬件制造、软件开发、数据服务等衍生产业的发展，进一步扩大其经济效益。

（一）数字技术是文化遗产创新应用的催化剂

数字技术在文化遗产创新应用中充当催化剂的角色。此如，虚拟现实（VR）、增强现实（AR）、人工智能（AI）等数字技术可以被广泛应用于文化遗产的展示、教育、研究等领域，为文化遗产赋予新的形态和功能，推动创新应用和衍生产业的发展。以 VR 和 AR 技术为例，它们可以构建文化遗产的虚拟环境，让观众在虚拟世界中体验真实的历史场景。通过佩戴 VR 头盔或使用 AR 应用，人们可以沉浸在文化遗产的虚拟空间中，与历史场景互动并获得沉浸式的观展体验。这种创新应用方式不仅吸引了更多观众的关注和参与，也催生了新的商业模式，如虚拟导览服务、虚拟展览销售等，为文化遗产的经济效益带来了新的增长点。

另外，数字技术还可以与文化遗产相融合，推动文化创意产业的发展。通过数字技术的创新应用，文化遗产能以全新的形式呈现。比如，将文化遗产的图案和元素应用于产品设计、艺术创作等领域，创造出独特而有吸引力的文化创意产品。这些产品不仅满足了人们对美的追求，还推动了文化创意产业的发展，为文化遗产的经济价值注入了新的活力。

（二）数字技术可以驱动文化遗产的衍生产业发展

数字技术在文化遗产领域的创新应用中发挥着重要作用，其中之一就是驱动文化遗产的衍生产业发展。通过数字技术的运用，可以推动各种基于文化遗产的衍生产业的蓬勃发展，为经济效益的最大化提供新的机遇。以基于文化遗产的数字内容创作为例，如动画、游戏、影视等领域的发展，可以为文化遗产衍生产业注入新的活力。通过数字技术的创新应用，文化遗产的故事、元素和形象可以被转化为丰富多样的数字内容，吸引广大观众的关注和参与。动画、游戏、影视作品等数字媒体的制作和传播，为文化遗产创造了新的表现形式和商业价值，也为衍生产业的发展开辟了更广阔的市场空间。同时，文化遗产衍生产业的发展促进了文化遗产的保护和传承。通过数字技术的创新应用，文化遗产能以全新的方式呈现，大大激发了人们对文化遗产的兴趣和热爱。这种衍生产业的发展为文化遗产的保护和传承提供了更多的资源和支持，通过商业化的运作模式，进一步推动了文化遗产的传播和推广。

除了数字内容创作，数字技术还可以促进文化遗产相关产业的融合创新。比如，结合数字技术和旅游产业，可以开发出以文化遗产为主题的虚拟旅游产品，为游客提供全新的旅游体验。数字技术还可以与教育、娱乐、设计等领域相结合，推动文化遗产应用的创新，创造出更多具有经济价值的衍生产品和服务。

五、数字技术可以创新文化遗产的产业链

通过数字技术的运用，可以构建新的文化遗产产业链，从数字化采集、数字化修复到数字化展示和传播，每个环节都形成了独立而又相互衔接的产业，为文化遗产的经济效益最大化创造了新的机会。具体表现在以下三个方面。一是数字化采集和数字化修复环节形成了独立的产业。数字技术可以应用于文化遗产的采集和修复过程中，通过高精度的扫描、重建和修复技术，可以快速且准确地获取和还原文化遗产的信息和形态。这为专业机构和技术团队提供了机会，可借此机会建立专门从事数字化采集和修复的产业链，创造高质量的数字化文化遗产产品。二是数字化展示和传播环节形成了独立的产业。通过数字技术，文化遗产能以全新的方式展示和传播，如虚拟展览、互动体验等。这为数字展示和传播平台、虚拟现实技术提供商、数字内容创作团队等创造了机会，构建了数字化展示和传播的产业链。这些数字化平台和技术可以为文化遗产提供更加广泛的传播渠道，吸引更多的观众和用户，从而增加文化遗产的经济收益。三是这些独立的产业环节相互衔接，形成了完整的文化遗产产业链。数字化采集和修复为数字化展示和传播提供了基础和素材，而数字化展示和传播又促进了数字化采集和修复的需求。这种产业链的形成，使文化遗产的经济效益得以最大化。同时，这种创新的产业链带来了更多的就业机会和经济增长点，大大推动了相关产业的发展。

六、数字技术可以推动文化旅游的发展

数字技术的创新应用在助力文化遗产经济效益最大化方面发挥着重要作用，其中之一就是推动地方经济的发展。通过数字技术的应用，地方可以开发基于本地文化遗产的数字产品，提升当地文化旅游的吸引力，打造独特的文化品牌，推动地方经济的转型升级。

通过数字技术的创新应用，地方可以开发基于本地文化遗产的数字产品，这些产品可以涵盖多个领域，如数字艺术品、虚拟文化展览、数字文化娱乐等。这样的数字产品不仅满足了现代人对多样化文化产品的需求，也为地方经济注入了新的发展动力。通过数字化展示和传播方式，游客能以更丰富、更沉浸的方式了解和体验当地的文化遗产。比如，通过虚拟现实技术，游客可以在不前往现场的情况下，感受逼真的文化遗产场景，获得更加真实的体验感。这样的数字化旅游体验不仅吸引了更多游客的关注和参与，也提升了地方旅游业的竞争力和经济效益。不仅如此，通过在线推广数字化的文化展览和文化活动，地方的文化特色可以传播给更广泛的受众群体。这种推广方式打破了时间和空间的限制，让更多人了解和关注地方的文化遗产，吸引更多的投资者和游客，进而推动地方经济的发展。

七、数字技术可以优化文化遗产的管理和保护

通过物联网、人工智能等技术，可以对文化遗产进行实时监控和智能化管理，提高保护效果，减少人力、物力的投入，降低保护和维护的成本。

（一）数据收集和管理的优化

数字技术在文化遗产的管理和保护方面起着关键作用，优化数据收集和管理是其中重要的一环。具体表现在以下三个方面。其一，数字技术提供了精准和高效的数据收集方式。利用无人机和3D扫描技术，可以实现对文化遗产的全方位数据收集，捕捉其细节和特征。无人机能够飞越难以接近的地方，拍摄高清影像，而3D扫描技术则能生成高精度的文物模型。这些数字化的数据收集手段有助于准确记录文化遗产信息。其二，数字化的管理系统提升了文化遗产数据的管理效率。通过建立数字化管理系统，文化遗产的数据可以集中存储和管理。这些系统能够自动整理、分类和标注收集到的数据，方便管理者随时使用。数字化的管理系统还促进了数据共享和协作，增进不同部门和机构之间的合作。这提高了管理效率，确保了文化遗产数据的安全性和可持续性。其三，数字技术的应用有助于对文化遗产进行更好地保护和传承。比如，利用虚拟现实技术，人们可以在虚拟环境中体验文化遗产场景，感受其历史魅力。这

种方式减少了人们对实际文物的损耗,有助于保护文化遗产的完整性和实现可持续性。

(二)实时监控和预警的实现

数字技术在文化遗产的管理和保护中发挥着重要作用,其中之一就是实现实时监控和预警。具体而言,借助物联网技术,文化遗产的状态可以被实时监测。传感器和监测设备可以安装在文物附近,收集并传输湿度、温度、震动等数据。这些数据对于文物的保护至关重要,因为环境因素对其长期保存和完整性的影响不容忽视。通过数字化的管理系统,这些监测数据可以即时传输和存储。系统可以分析这些数据,比对设定的标准和阈值,以判断是否有异常情况出现。一旦检测到湿度过高、温度异常或者有震动发生,系统将自动发出预警信号。最终形成的实时预警可以让管理者及时采取保护文化遗产的相关措施。比如,当湿度超过安全范围时,可以立即采取除湿措施;当温度异常升高时,可以启动降温设备;当有震动发生时,可以限制进入文物区域。这样可以最大限度地减少文物受到的损害和风险。另外,数字技术还能追踪文物位置,实时监控其运输过程中的安全性。利用 GPS 和传感器,管理者可以追踪文物的移动和运输过程,确保其安全无损地到达目的地。

(三)数字化修复和保护

数字技术在文化遗产的管理和保护方面发挥着重要作用,其中之一就是数字化修复和保护。借助数字技术,可以利用先进的工具和技术模拟文化遗产的原始状态,在精细的修复工作中起辅助作用。通过收集文物各个角度的 3D 扫描数据,可以创建文物的数字模型,准确还原其原貌。而利用 3D 打印技术,可以根据这些数字模型制作出精确的复制品,用于替代或修复受损的文物。此外,数字化的文化遗产数据还可以用于虚拟展示,将文物的数字模型在虚拟环境中进行展示,避免文物本体的过度使用和损坏,从而对文化遗产起到一定的保护作用。

还有一点需要高度重视,数字技术可以建立文化遗产的数字档案和数据库,对文物进行全面地记录和管理。数字化档案可以包括文物的描述、图像、文献资料等信息，以方便管理者进行查阅和研究。通过数字化的管理系统，可以对文物进行分类、标记、检索等操作，从而提高管理和保护的效率。

(四) 公众参与

通过开放的数据平台，公众可以获得文化遗产的相关信息，了解其价值和重要性。数字化的文化遗产数据可以通过在线平台、移动应用程序等形式向公众开放，使更多人能够更加方便地获取文化遗产的背景知识、历史文化内涵等信息。这样的开放性平台不仅能提高公众对文化遗产的认知，还能激发公众对文化遗产的兴趣和保护意识。与此同时，数字技术平台可以提供一些工具和功能，鼓励公众参与到文化遗产的数据收集和分享中。比如，公众可以通过向平台提交照片、故事、回忆等与文化遗产相关的内容，丰富文化遗产的数据资源。这样的参与机制能让公众对文化遗产产生亲切感，从而更好地发挥自身的力量和智慧，共同参与文化遗产的保护和传承。

还有一点不可否认，就是在公众参与过程中，可以通过数字技术平台提供互动和参与的机会。比如，通过在线社交平台或虚拟现实技术，公众可以参与到虚拟展览、互动体验等活动中，与文化遗产进行亲密接触和互动。这样的参与体验不仅有助于提高公众的参与度，还能进一步增强文化遗产的吸引力和影响力。

第四章 技术：引领文化遗产凤凰涅槃之路

第四章 技术：引领文化遗产凤凰涅槃之路

在当今时代，科技的发展为文化遗产的保护开启了崭新的篇章。其中，摄影测量技术、3D数据模型以及更多的技术创新在这场文化遗产凤凰涅槃的历程中扮演着重要角色。摄影测量技术以其独特的视角，重新定义了对文化遗产测绘的理解和实践。3D数据模型成为一座通向文化遗产重塑的"云"梯，通过精确的模型让人们能够重温历史，感知历史的气息。此外，更多的技术创新如二进制的历史世界，为人们打开了一扇探索过去、认识历史的窗，使古老的文化遗产在新的形态下复苏，呈现出前所未有的生命力。这些技术并不是单一存在的，它们的融合与发展，形成了一套引领文化遗产走向凤凰涅槃之路的技术体系，让人们看到了文化遗产保护的广阔前景和无限可能。

第一节 摄影测量技术：为文化遗产测绘提供新的视角

在全球性的文化遗产保护问题上，摄影测量技术以自身独特的优势和广泛的应用为其提供了新的视角。这项技术的普适性和灵活性，使其在保护世界各地不同类型的文化遗产中起着重要作用。它的优势体现在产生高精度三维模型的能力、长期监测和管理的可能性以及在短时间内获取大量测量数据的效率。在实际应用中，无论是在数据收集、数据处理、数据分析和数据利用，还是在长期监测和管理方面，摄影测量技术都在文化遗产测绘过程中展现了强大的实用性和价值。因此，摄影测量技术对于文化遗产测绘领域来说，既是一种方法创新，也是一种理念转变，它带给人们的不仅是技术进步，还是文化遗产保护的新思路和新可能。

摄影测量技术是一种依靠摄影图像获取和处理信息的测量技术，它有着广泛的应用，包括文化遗产保护领域。通过利用这项技术，能够在不直接接触文化遗产的情况下，精确测量其物理特性，如形状、尺寸、纹理等。

在文化遗产保护中，摄影测量技术主要应用于三个方面，即生成高精度的三维模型、长期监测和管理以及大规模数据的快速获取。利用摄影测量技术生成的三维模型可以帮助人们更好地理解和评估文化遗产的特性和状态。长期监测和管理是文化遗产保护的重要一环,摄影测量技术的非接触性和自动化特性使长期监测变得更容易、可行。此外,摄影测量技术还可以在短时间内获取大量的高精度数据,有助于人们更全面、更深入地理解和保护文化遗产。

一、摄影测量技术在文化遗产测绘中应用的优势

在文化遗产测绘领域,摄影测量技术展现了自身巨大的优势。该技术生成的高精度三维模型为人们深入理解文化遗产提供了新的视角。通过对文化遗产的长期监测和管理,推动了遗产保护的持续性与有效性,并且该技术提供的新的展示和传播途径赋予了文化遗产更广阔的公众接触面,而快速大量的测量数据获取能力,更是为文化遗产的深度研究和保护提供了重要信息。这些优势共同塑造了摄影测量技术在文化遗产保护中的独特价值。

(一)摄影测量技术可以生成高精度的三维模型

在文化遗产保护中,摄影测量技术的应用已变得不可或缺,特别是在生成高精度的三维模型方面,其表现尤为出色。可以说,这项技术的精度和深度使文化遗产三维模型的质量提升到了一个新的水平。这样高质量的模型赋予了科学家、研究人员以及保护者深入理解和评估文化遗产特性和状态的能力。文化遗产形态多样,它们的形状、尺寸、纹理等多元特性可以通过摄影测量技术得到精确的记录。这样不仅可以得到文化遗产的外观特征,还可以了解其内部结构,从而在对文化遗产进行研究或修复时,可以更好地把握其原始状态,避免对其进行不适当的处理。值得注意的是,对于复杂、精细的文化遗产而言,摄影测量技术的重要性更加突出。这些文化遗产可能具有大量的细微特征,这些特征难以被肉眼观察,或者用传统的测量方式无法精确获取。而摄影测量技术则可以准确捕捉到这些微妙的特征,以便在对文化遗产进行修复或保护时,能够更准确地复原其原始状态。

(二)摄影测量技术可以实现对文化遗产的长期监测和管理

文化遗产作为历史的见证和文化的承载,其价值无法用金钱衡量。为了保护这些珍贵的文化遗产,进行长期的监测和管理是非常有必要的,这需要通过定期的测量和数据收集发现和跟踪文化遗产的变化,如天气侵蚀、人为破

第四章　技术：引领文化遗产凤凰涅槃之路

坏等。这种持续的监测可以让保护者对文化遗产有一个全面和深入的了解，从而能够及时地调整保护策略和措施。如果发现某个遗产的某个部分开始出现破损，就可以立即采取措施进行修复。如若发现某个遗产受环境侵蚀的速度加快，就可以考虑更换或优化保护措施，以减缓其侵蚀速度。摄影测量技术的出现，为文化遗产的长期监测和管理提供了新的工具。这项技术具有非接触性和自动化的特性，使长期监测变得容易、可行。它不需要直接接触文化遗产，可以在不干扰或不破坏遗产的情况下进行测量。这对于那些极为脆弱或珍贵的文化遗产来说尤为重要。同时，它可以自动化地进行测量和数据收集，大大提高了文化遗产监测和管理工作的效率。另外，摄影测量技术可以提供高精度的测量数据和影像。这些数据和影像可以让保护者清晰地看到文化遗产的每一个细节，从而更准确地判断其状态。例如，通过对文化遗产表面的高精度影像进行分析，可以发现其微小的裂纹或破损，以便及时修复。

（三）摄影测量技术为文化遗产的展示和传播提供了新的可能

　　传统的方式主要依赖实地参观和图文介绍，虽然直观有效，但也存在一些限制。比如，实地参观受地理位置和时间的限制，而图文介绍则可能无法全面和生动地展现遗产的特性和魅力。摄影测量技术的出现，为文化遗产的展示和传播提供了新的可能。摄影测量技术可以生成高精度的三维模型，这不仅为遗产的保护和研究提供了有力工具，也为遗产的展示和传播开启了新的篇章。通过精确的三维模型，可以实现遗产的虚拟展示。人们无须离家，就可以在电脑或移动设备上观看和探索文化遗产。这种方式不受时间和地点的限制，可以让更多人了解和接触到文化遗产。同时，配合虚拟现实（VR）技术，高精度的三维模型可以为公众提供沉浸式的体验。通过 VR 设备，人们仿佛身临其境，可以从各个角度和距离欣赏文化遗产，感受其历史的韵味和文化的气息。这样的体验比传统的实地参观更生动、更震撼，可以更好地激发公众对文化遗产的兴趣和爱护。而且，虚拟展示可以提供更丰富、更多元的视角和信息。传统的实地参观往往只能观看遗产的外部，而通过摄影测量技术生成的三维模型，可以展示遗产的内部结构，让人们更全面地了解遗产的特性和价值。配合历史资料和解说，还可以提供更深入的教育和学习体验。比如，可以通过虚拟展示，向公众介绍遗产的历史背景、建造工艺、艺术风格等，使人们在欣赏遗产的同时，深入了解其历史和文化内涵。

（四）利用摄影测量技术，可以在短时间内获取大量的测量数据

古建筑、古陶器、石刻艺术等文化遗产的背后都蕴藏着丰富的信息，而要想揭示这些信息，就需要通过测量和研究获取大量的数据。但是，传统的测量方式常常需要大量的时间和劳力，而且难以获取全面和深入的数据。摄影测量技术的出现，为解决这个问题提供了有效的工具。摄影测量技术可以在短时间内获取大量的高精度数据，这对于大规模的文化遗产或遗址来说极为重要。传统的手工测量可能需要数月甚至数年的时间，而摄影测量技术则可以在数小时或数天内完成测量。这种高效率的测量方式，不仅可以有效节省时间和劳力，还可以在短时间内获取大量的数据，为文化遗产的保护和研究提供更全面、更深入的信息。无人机航拍、LiDAR（机载激光扫描系统）等技术的应用，使摄影测量技术的效率和精度达到了新的高度。无人机可以飞越复杂和危险的地形，从各个角度和高度对文化遗产进行拍摄。而 LiDAR 技术则可以在短时间内扫描大面积的地形，从而获取高精度的地形和建筑数据。这些技术可以在不干扰或不破坏文化遗产的情况下获得大量的测量数据。还有一点不可否认，通过摄影测量技术，可以获取全面且多元的视角和数据。例如，可以从不同的角度和高度对遗产进行测量，捕捉其外观的各个细节，也可以通过多次测量，记录遗产在不同时间点的状态，发现其变化的规律。这些全面且深入的数据，可以使人们更深入地理解文化遗产的特性和价值，从而进行更有效的保护和修复。

二、摄影测量技术在文化遗产测绘中的具体应用

在对文化遗产进行测绘的过程中，摄影测量技术发挥了巨大的作用。从数据收集和处理到数据分析与利用，再到文化遗产的长期监测与管理，每一步都体现了该技术的价值。

（一）数据收集

文化遗产测绘的基础环节在于数据收集。采用摄影测量技术，首先必须确保所获取图像数据的精确度和质量。无人机、手持相机或固定的摄影设备都可

第四章　技术：引领文化遗产凤凰涅槃之路

以用来对目标进行全方位拍摄，而这些设备选取的依据应基于文化遗产的实际特性及所需捕获的信息种类。比如，对于规模较大的遗址或建筑，无人机可能是一个理想的工具，因为它可以飞越高墙和狭窄的空间，捕获高质量的全景照片。对于更小或更复杂的文化遗产，可能需要使用手持相机靠近目标进行拍摄，以便获得更详细的图像。在摄影测量中，拍摄角度和位置的选择也极为关键，目的是捕获文化遗产的各个方面和细节，为后续的三维建模提供足够的数据。通常需要从不同角度和位置拍摄同一文化遗产，确保所有的特征和细节都被记录下来，并且为了确保数据的精确性，拍摄过程中可能需要利用全球定位系统（GPS）等设备记录相机的精确位置和方向。这个信息会在后续的数据处理中起到关键作用，帮助软件确定照片中每个点的空间位置。

（二）数据处理

当数据收集完成后，随之而来的工作就是数据处理。这是一个复杂的计算过程，需要依赖专业的摄影测量软件，如 PhotoScan 或 Pix4D。在这个阶段，软件会将收集到的图像数据转化为精确的三维模型。在处理过程中，软件首先需要自动识别图片中的同一点，其目的是通过比较不同图片中的像素值，找出像素值相同或相似的点，然后推算出这些点在空间中的相对位置。通过这种方式，可以计算出大量的点的空间坐标，形成一个由数百万甚至数十亿个点组成的"点云"。在此之后，软件会根据这些点的空间位置，构建出一个粗糙的三维模型。这个模型仍有很多不完善的地方，需要进一步优化和细化。在优化的过程中可能涉及多次迭代和计算，以求达到最高的精度和质量。最终，软件还会利用图像的颜色和亮度信息，生成模型的表面纹理。这是一个复杂的图像处理过程，需要将各个图片的颜色和亮度信息融合在一起，生成一个连续和自然的表面效果。当完成这个步骤后，就得到了一个真实且精确的三维模型。

（三）数据分析和利用

当三维模型生成后，便进入了数据分析和利用阶段。在这个阶段，模型可以被用于各种目的。科学家和研究人员可以利用模型对文化遗产进行详细的分析和研究。他们可以测量模型的各种属性，如尺寸、形状、纹理等，以便理解文化遗产的构造和特性。此外，通过比较不同时间的模型，他们还可以研究遗产的变化过程，了解其在自然和人类活动影响下的演变。保护者和修复者也可以利用模型进行工作。模型可以提供精确的尺寸和形状信息，从而帮助他们设计保护和修复的方案。而且在方案实施前，他们可以在电脑上进行试验和模拟，而不需要直接干预实物，这大大降低了可能对遗产造成损坏的风险。另外，公众可以利用模型进行学习和体验，感受文化遗产独特的魅力，教育者也可以利用模型进行教学，从而为学习者提供更直观、更生动的学习体验。

（四）长期监测和管理

文化遗产的保护，需要从宏观和微观两个角度理解和评估，其中，长期的监测和维护环节尤其关键。为了精准评估文化遗产的变迁和状况，需要定期收集相关数据，以便追踪文化遗产的变化，从而进一步评估保护措施的效果，并根据情况进行必要的调整。这一工作的复杂性和持久性是显而易见的，因此用一种高效且精准的工具进行协助就显得尤为重要，摄影测量技术正是能够满足这些需求的理想选择。在文化遗产的监测和管理工作中，摄影测量技术的应用不仅可以在非常短的时间内获取大量高精度的测量数据，还可以通过定期拍摄和测量，生成一系列时间序列的三维模型。这些模型展示了文化遗产的微妙变化，有助于日后在保护工作的各个环节都能对其做出精确的评估。当出现问题时，专业人员能够立即根据模型提供的详尽数据迅速采取必要的保护措施。

未来随着 AI 技术的进一步发展和应用，长期监测和管理工作的自动化水平将进一步提升。目前已经有研究团队正在研发利用深度学习算法，自动识别并跟踪摄影测量数据中的变化，从而更早地发现可能出现的问题。这将进一步节省人力，提高工作效率，同时能更好地应对复杂和多变的环境保护。值得注意的是，摄影测量技术是非接触的，这就意味着在整个监测和管理过程中，无论是在获取测量数据，还是在生成三维模型时，都不会对文化遗产本身造成任何的损害，保证工作效率。

第四章　技术：引领文化遗产凤凰涅槃之路

第二节　3D 数据模型：为文化遗产重塑架起"云梯"

在探寻人类文明与历史的过程中，科技与传统的交融为人们提供了强大的助力。今天，人们将聚焦一种重塑文化遗产的新型方式——"3D 数据模型"，借此架起一座连接现实与虚拟、古老与现代的"云梯"。整个过程涵盖四个核心步骤，即数据采集与建模、3D 打印、后期处理及展示与教育，每一个步骤都具有深远的意义，共同构筑起这座跨越时间与空间的桥梁。

一、数据采集与建模

该环节作为 3D 打印制作文化遗产仿品的第一步。一般来说，需要利用 3D 扫描仪或者结构光等技术对文化遗产进行全方位、高精度的三维数据采集，以获得文化遗产的完整三维形态和详细纹理信息。然后，这些数据需要通过专业的三维建模软件进行处理，将其转化为可以被 3D 打印机读取的模型。

（一）保护文化遗产

利用 3D 扫描和结构光技术，数据采集与建模流程无须对文化遗产进行实际接触或移动，这种操作方式的非侵入性大大降低了对文化遗产造成损害的可能性。对于那些历经岁月沧桑、结构脆弱或者价值无比珍贵的文化遗产来说，这无疑是一种理想的保护方式。这种方式带来的好处不仅是减小对遗产的物理损害。更重要的是，借助 3D 扫描技术，可以在毫米甚至微米级别上获得物体表面的高精度三维数据。这些信息将原物的每一个细节，包括形状、尺寸、纹理，甚至磨损和老化痕迹都准确地记录下来。在这个过程中，既保证了数据的精度，也维持了原物的完整性和真实性。另外，那些因历史久远、自然灾害等导致遗失或破损的文化遗产，以往可能难以恢复原貌。如今，有了完整的三维数据，就可以利用 3D 打印等先进技术进行修复或复原，使这些历史见证者得以"重生"。此外，将文化遗产数字化的另一个重要意义是，这为文化遗产的存储和传播提供了新的可能。数字化的文化遗产可以轻易复制、传输和储存，这不仅大大延长了文化遗产的生命周期，还让这些宝贵的历史遗产能够被世界各地的人们所了解和欣赏。

(二) 提高精度

高分辨率的3D扫描仪可以在微米级别上精确捕捉物体表面的细节。一般来说，扫描仪的分辨率越高，获取的3D模型的精度就越高。因此，对于需要高精度复制的文化遗产，应当选择高分辨率的3D扫描仪进行扫描。此后则需要使用多个扫描仪，或者将单个扫描仪在不同的角度上移动，以获取物体的全方位信息。另外，在扫描获取原始3D数据后，要进行去噪、补洞、平滑等步骤，以提高模型的质量。这些后处理步骤需要有经验的操作人员使用专业软件进行，才能保证处理的精度。此外，还需要注意不同的3D打印机在精度上有很大的差异，对于需要高精度复制的文化遗产，应当选择精度较高的3D打印机进行打印，以保证复制品在质地和触感上与原始文化遗产接近。

(三) 数据存储与分享

对文化遗产进行3D扫描和建模后，得到的数据可以存储在硬盘、服务器或者云存储平台上，这种数字化的方式大大提高了数据的安全性和耐久性。不同于传统的实物保存方式，数字化数据不会因自然因素（如湿度、温度、灾害等）或人为因素（如损坏、失窃等）而遭受损失。只要数据备份适当，文化遗产的三维模型信息就可以被永久保存。云存储技术的发展使这些数据可以在全球范围内存取和分享。任何拥有网络连接的人都可以访问这些文化遗产的3D模型，从而了解和欣赏这些珍贵的历史遗产。为了让更多人接触到这些文化遗产，可以将这些3D模型发布到各种公开的平台上，如博物馆的官方网站、社交媒体、虚拟现实（VR）平台等。在这些平台上，人们不仅可以观看3D模型，还可以对其进行旋转、放大、缩小等操作，从而更深入地了解文化遗产的细节。

另外，3D模型还可以用于创建虚拟的文化遗产展览。例如，可以在虚拟现实环境中构建一个虚拟的博物馆，将各种文化遗产的3D模型放置其中，让人们通过VR设备进行参观。这种方式不仅可以让人们在家就能参观博物馆，还可以让他们看到那些因各种原因无法实地参观的文化遗产。科研人员可以从各地下载这些数据，进行分析和研究，从而获取更多关于这些文化遗产的信息。

（四）灵活复原与修复

借助原始遗产的完整三维数据，可在其受损或丢失时利用3D打印技术进行复原和修复。在具体的实践操作中，这一环节主要包括以下四个步骤。一是确定3D打印材质。选择与原件相近的材质，保证修复部分在触感、视觉上与原件相符，以维持文化遗产的完整性。如果原始遗产是由石材制成的，可以选择石粉基的3D打印材料进行打印。二是详细的3D打印设定。在3D打印设定中，需要考虑打印的分辨率、打印速度、打印方向等因素，以保证打印出来的部分与原始遗产在形状和细节上一致。三是适应性修复设计。利用3D建模软件，可以设计修复部分与原始部分的接合方式，确保其紧密接合且不损伤原始部分。比如，可以设计出一些插槽或者卡扣，使修复部分可以精确地安装到原始部分上。四是严谨的安装过程。在安装修复部分时，需要特别注意不要对原始遗产造成二次损害，可以使用专业的黏合剂或者使用机械方式（如螺丝）进行安装。通过这种方式，3D打印技术能在文化遗产受损或丢失时，实现灵活复原与修复，确保了文化遗产的完整性和连续性，避免了传统修复过程中可能出现的误差。这种方式也能最大限度地保留原始遗产的信息，不会因为修复过程中的人为因素而改变其原始的形状和细节。

二、3D打印

在获得可打印的3D模型后，工作人员就可以利用3D打印机进行仿品制作。3D打印机可以根据3D模型的数据，一层一层精确堆叠材料，从而制造出高度相似的仿品。现在的3D打印技术已经可以支持多种材料的打印，包括塑料、金属、陶瓷等，甚至可以模仿文化遗产原有的质地和颜色，在实践操作过程中应分两步完成。

（一）根据选定的3D打印材料设定3D打印参数

打印参数的设定是影响3D打印效果的关键因素。首先是选择与原物件材质相近的3D打印材料。原始遗产如为陶瓷，就选择陶瓷类3D打印材料；如为木质，就选择木质类3D打印材料。这样可以确保打印出的模型视觉效果和触感与原始遗产无限接近。然后是设定打印参数，如打印速度、打印温度、层高、填充密度等，这都是影响打印质量的重要因素。打印速度会影响打印时间和打印精度，通常情况下，打印速度越慢，打印精度就越高。打印温度会影响打印材料的流动性和附着性，因此必须根据选定的打印材料设定合适的打印温度。层高决定了打印出的模型的表面平滑度，层高越低，表面就越平滑，但打印时间会相应增加。填充密度则影响打印出的模型的强度和重量，所以应根据实际需求进行设定。

（二）进行3D打印

实施3D打印任务时，技术与专业知识的综合应用显得尤为关键。在3D打印启动前，确保所有参数如打印速度、温度、层高等均已设定完毕。这些参数的设置都将直接影响打印成品的质量。比如，适当的打印温度能保证材料在打印过程中的良好流动性，而合适的层高设定则使最后打印出的模型表面更为平滑。启动打印后，关注打印进程至关重要。以现代3D打印机的精度，是能够一层一层根据3D模型的数据进行精确打印的。然而在打印过程中，往往存在不可预测的因素。这就需要在打印过程中保持密切观察，发现任何可能影响打印结果的因素，如打印机的机械故障、模型的不规则变形等，应及时进行参数的调整，或在必要时停止打印。为了确保打印过程的顺利进行，还需要熟知3D打印机的操作方法。例如，应当了解如何启动和暂停打印、如何调整打印速度和温度等。在必要时，需要根据打印过程中的反馈信息，对打印参数进行微调，以优化打印质量。不仅如此，材料的选择也是影响打印结果的关键因素。选择与原始文化遗产材质相近的打印材料，将有助于增强打印仿品的逼真度。在具备了逼真的外形后，这样的仿品能更好地传达原始文化遗产的精神内涵。

三、后期处理

3D打印出的仿品可能需要进行一些后期处理，如去除支撑结构、打磨表面、上色等，以使仿品的外观和手感更接近原物。这个步骤需要一定的艺术和手工技巧。具体操作如下。

（一）去除支撑结构

为了维护3D打印物品的稳定性，支撑结构扮演着重要角色。然而在完成打印后，这些支撑结构就需要被精确且谨慎地去除，否则可能会影响复制品的外观和整体质感。因此，如何正确地去除支撑结构就成了3D打印后期处理过程中的一项重要任务。在去除支撑结构的过程中，需要考虑打印物件的结构复杂性和支撑结构的位置。简单的结构，其支撑结构较为明显，易于去除，此时可以使用简单的工具，如钳子、剪刀等，进行手动去除。在操作过程中，需要尽可能地减少对打印件其他部分的影响，防止造成不必要的损坏。

然而，对于更复杂的打印物件，其内部可能存在难以接触到的支撑结构，此时就需要更精细的工具和技巧将其去除。例如，使用雕刻刀可以精准地割断难以接触到的支撑结构，使用细砂纸可以磨平剩余的支撑残留，确保打印件表面的平滑。在这个过程中，耐心和细心成为必不可少的品质，因为每一次的割断和磨平都可能影响打印件的最终效果。在整个去除支撑结构的过程中，还需要不断检查打印件的完整性。每去除一个支撑结构，都要仔细观察是否对打印件造成了损坏、是否影响其稳定性、是否改变了它的形状。如果发现有任何问题，都要立即停止当前的操作，重新寻找合适的解决方案。可以说，去除支撑结构既是一项技术工作，又是一项细致入微的艺术活动。

（二）打磨表面

在3D打印完成后，复制品的表面可能会出现一些微小的凸起或不规则之处，这会影响其外观和触感。为了改善这种情况，需要进行表面打磨这一后期处理步骤。通过使用不同粗细的砂纸，可以有效去除这些表面的凸起，使表面更加光滑，质感更加接近原物。在打磨过程中，需要根据表面的粗糙程度选择合适粗细的砂纸。较大的凸起和明显的不规则处，可以先使用粗砂纸进行打磨。打磨的力度要适中，既要有效去除凸起，又不能损伤到打印件的其他部分。随着凸起逐渐减小，可以逐渐过渡到中等粗细的砂纸继续进行打磨。当表面变得较为平滑后,就可以使用细砂纸进行打磨了。此时打磨的主要目的是去除微小的凸起和砂纸痕迹,使表面更加光滑。在这个过程中,仍需保持均匀和持续的打磨,确保整个表面都得到充分的处理。最后,在所有的打磨工作完成后,还可以使用软布进行抛光,以增加表面的光泽度,使其看起来更接近原物。抛光的过程不仅能使表面更加光滑,还能去除打磨过程中可能残留的砂纸粉末,使打印件的质感得到提升。还有一点需要提起重视,就是在整个打磨过程中,需要不断检查打印件的表面质感和光泽度,然后根据实际情况适时地调整打磨力度和方式。每一步打磨都要在精确和谨慎之间找到平衡,既要去除凸起,又不能对打印件造成损害。

(三)上色

在 3D 打印复制品的后期处理中,上色是一项至关重要的步骤。此环节可以使复制品在色泽上与原物尽可能地接近,进一步强化其作为文化遗产复制品的价值和意义。在上色前,首要任务是清洁打印件的表面。需要用柔软的布料或者特定的清洗液去除表面的灰尘和油脂,以便于颜料更好地附着在表面。在清洁过程中需谨慎操作,以免对打印件表面造成不必要的损伤。在选择颜料时,水性颜料、油性颜料或丙烯颜料都可作为选项,具体选择则需要根据原物的质地和颜色决定。此外,还需要在颜色的选择上尽可能接近原物的颜色,以提高复制品的真实感。在上色前,工作人员需要有一个明确的色彩规划,这可能需要其对原物进行深入的研究和理解。在涂色过程中,需要按照从深到浅、大面积到小面积的原则进行,这是因为从深色开始可以更好地控制色彩的层次感,而从大面积开始则可以避免在小面积涂色时影响到已完成的大面积。在涂色过程中,颜料的涂抹要均匀,避免出现色差,同时要注意颜色的过渡,使色彩在复制品上流畅过渡,提升复制品的整体视觉效果。完成上色后,可能还需要进行一些修饰和优化,如对颜色进行调整,或者对细节进行补充,直到达到理想的效果。最后,可以在表面涂抹保护层,以保护颜色不褪,增强其耐久性。

(四)添加保护层

为 3D 打印复制品添加保护层是后期处理流程的尾声。这一步在整个流程中看似平常，实际上，其对于复制品的长期保护具有至关重要的作用。保护层的主要功能在于守护颜色和质地，防止其受到外界因素，如摩擦、光照、湿度、尘土等的侵袭，从而避免磨损和褪色的情况发生。多种材料均可作为保护层，如透明的清漆、树脂，或者专门的保护喷雾。无论选择哪种材料，都应考虑其对复制品质地和颜色的影响，还应考虑其是否具备防护能力。在实际添加保护层时，复制品表面的清洁尤为重要。任何尘埃、油脂或其他杂质的存在，都可能影响保护层的效果。因此，需要用柔软的布料或特定的清洁液清理复制品的表面，使其尽可能洁净。清洁完成后才可以涂抹保护层。保护层的涂抹应均匀，不宜过厚或过薄，以免影响复制品的外观或防护效果。涂抹完毕后，需要等待足够的时间让保护层干燥并固化。在此期间，应避免接触复制品，以免破坏未干的保护层。固化后的保护层，能有效延长复制品的使用寿命，使其免受环境因素的影响，同时保护了颜色和质地，使复制品长期保持原有的状态。

四、展示与教育

通过 3D 打印制造的仿品可以用于展示与教育。相比于原物，仿品在运输和展示方面都更加方便，可以让更多的人了解和欣赏文化遗产的魅力。此外，仿品还可以用于教育，让人们在实践中学习历史和文化知识，提高他们的学习兴趣和参与度，在实践操作中的具体步骤如图 4-1 所示。

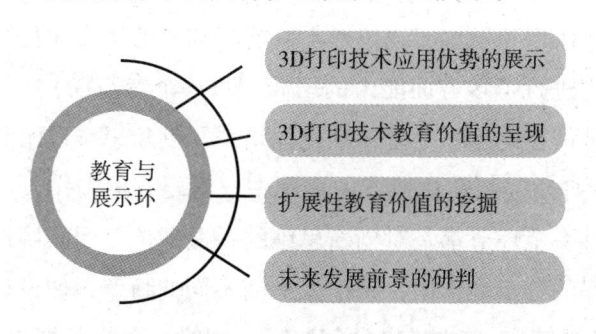

图 4-1　3D 数据模型教育与展示环节的实操步骤

（一）3D 打印技术应用优势的展示

3D 打印技术已经越来越广泛地应用于各个领域，包括文化遗产的复制和展示。这项技术的应用，打破了传统的空间和物理限制，使原本无法触及的文化遗产变得触手可及。通过这种方式，人们可以直接与历史接触，更加深入地理解和欣赏历史的魅力。3D打印复制的文化遗产，无论是大小、形状还是细节，都可以高度还原，使人们仿佛置身于历史现场。更重要的是，这些复制品对于原物没有任何的损害，可以长久保存和展示。因此，无论是在博物馆，还是在学校和公共场所，都可以看到3D打印技术的身影。它为人们提供了一个全新的方式，去感受历史的厚重和魅力。

（二）3D打印技术教育价值的呈现

在教育领域，3D打印技术也有着独特的价值。通过3D打印，教师可以直接将历史文化遗产带入课堂，让学生在观察和操作中，直观地理解历史和文化知识。相比于传统的课本教学，这种方式更加生动和有趣。通过参与3D打印复制文化遗产的过程，学生可以更加深入地理解历史和文化知识。这不仅能激发他们的学习兴趣，还能提高他们的实践操作能力。比如，通过设计和打印自己的历史文化遗产模型，学生可以从中学习到3D设计和打印的技术知识，同时可以更好地理解和记住历史文化知识。

（三）扩展性教育价值的挖掘

3D打印技术的价值远超过了直接的教学应用，其在教育领域的深层次价值被越来越多地认识和发掘。该技术不仅能将抽象的历史文化知识具象化，也在无形中对学生进行了多方面能力的培养。每一个参与3D打印复制文化遗产过程的工作人员都在此过程中潜移默化地培养了创新思维、团队协作和问题解决能力。在3D打印复制文化遗产的过程中，需要有关工作人员动手设计、操作打印机等，每一个环节都是对创新思维的一次锻炼。团队协作能力的提升则体现在这个过程的分工合作中，每个人扮演不同的角色，如设计、打印、后期处理等，通过互相配合完成最终的复制品。同时，在实际操作中遇到的问题，如设计不合理、打印失败等，都需要学生发挥问题解决能力，找出问题的原因，并提出解决办法。

另外，更深层次的教育价值在于，3D打印技术能被引入到其他学科的教学中，如科学、技术、工程、数学（STEM）教育等。这些学科的教学往往需要实践操作和实验验证，而3D打印技术能提供一个平台，让有关工作人员可以将理论知识应用到实践中，观察并分析结果，达到知识和技能的双重提升。比如，在科学课程中，可以用3D打印技术制作出复杂的分子结构模型，帮助学生直观地理解分子的结构和性质。在工程课程中，学生可以设计和打印自己的机械结构，测试其功能和效果。这种方式不仅使学生掌握了3D打印技术，更重要的是，他们在实践操作中提高了自己的创新思维和问题解决能力，这些能力在未来的学习和生活中都会发挥重要作用。

（四）未来发展前景的研判

展望未来，3D打印技术在文化遗产复制和教育领域的应用无疑将会被不断深化。该技术的普及化将促使更多的人有机会接触和使用，同时，随着技术的不断进步，3D打印的精度和效率将得到显著提升，使复制品的质量和逼真度达到前所未有的高度。考虑到技术发展的趋势，3D打印技术将逐渐普及到各级教育机构和文化遗产保护组织，让其在教学实践和文化传承中发挥更大的作用。无论是学校还是博物馆，都可以利用3D打印技术制作出各种各样的教学模型和文物复制品，为教学和展示提供更多的可能性。

随着3D打印技术的精度提高，复制品的细节将得到更好地展现，使其在视觉和触感上更接近原物。这不仅增强了复制品的吸引力，也可以利用复制品在教学中更直观地展示复杂的知识点。此外，3D打印技术的效率提高也意味着可以在更短的时间内完成复制品的制作，满足更多的需求。在3D打印技术更加普及的情况下，将有更多的人有机会接触和使用这项技术，这无疑将加速技术的传播和普及。无论是在学校还是在家庭，只要有3D打印机，就能进行各种实践活动，如复制文化遗产、制作教学模型等，极大地提升学习和教学的便利性。

第三节 技术创新：让二进制的历史世界变得有模有样

当今社会，技术创新在各个领域都展现了自身强大的推动力，在历史研究和文化遗产保护方面也呈现出独特的影响力。打造模型化的历史世界，建立实物化的二进制模型，形成接近完美的复制品，最终形成历史的新呈现方式，这些看似不可能的任务，却在技术的引领下，变得触手可及。利用技术创新，工作人员可以将丰富多元的历史世界转化为二进制的数据，再通过科学的模型设计和精细的制作工艺，让数据和模型实现物理化，进而形成近乎完美的复制品。这不仅可以为文化遗产保护提供新的手段，也将推动历史的新呈现方式，如数字化展览、创新艺术表现等，让更多人能够接触并理解历史。这种由技术推动的历史研究与文化遗产保护，无疑是一次历史的创新，让二进制的历史世界变得有模有样。

一、打造模型化的历史世界

在当今文化遗产保护中，模型化的方式提供了一个全新的视角。通过建立知识库、分类并编码历史事件、设计并创建模型以及模型的优化与升级，人们能够对文化遗产进行全面且深入的研究和保护。这种方法可以使人们直观地体验和理解历史，同时，为文化遗产的传承与保护开辟了一条全新的道路。这是一种跨越时空、兼具学术性和实践性的方法，其深远意义和巨大潜力值得工作人员深入探索和发现。

（一）建立知识库

打造模型化历史世界的基础是建立全面的知识库。知识库应涵盖所有相关的历史信息，以便构建深入且详细的历史模型。建立知识库的过程需要充分利用各种资源并进行全面的收集与筛选。一方面，可以通过图书馆、档案馆、博物馆等传统渠道收集信息。图书馆的馆藏图书、档案馆的文件、博物馆的展品都是宝贵的历史资源。另一方面，网络资源是一个不可忽视的历史信息来源，大量的电子图书、数字档案、在线数据库等为建立知识库提供了丰富的信息源。

在收集历史信息的过程中，不仅要关注数量，还要关注质量。对于每一个信息源，都需要进行认真的核查和评估，以确保其准确性和可信度。同时，需要注意信息的全面性，尽可能多地收集关于同一历史事件或历史人物的多方面

第四章 技术：引领文化遗产凤凰涅槃之路

信息，以获得全面的认识。此过程可能涉及对原始资料的翻译、解析和理解，需要对历史学有深入的了解和具备扎实的研究能力。

知识库的建立也需要一定的组织和管理。所有的历史信息都需要进行分类和编码，以便于检索和使用。可以根据历史信息的类型、来源、主题等不同维度进行分类。同时，可以设置关键词、标签等元数据，方便后续的搜索和查找。此外，也需要建立一套完善的知识库管理系统，包括信息的存储、备份、更新等环节，以保障知识库的稳定运行。

在建立知识库的过程中，与各方面的专家和学者进行合作是非常重要的。他们可以提供专业的建议和指导，帮助解决在信息收集和处理过程中遇到的问题，也可以通过与他人的交流，深入了解某一历史主题或事件，从而更好地建立和完善知识库。

（二）分类并编码历史事件

该环节是一个信息组织的过程，通过分类和编码，可以有效地管理和检索大量的历史信息，从而更好地支持历史模型的构建。对于历史事件的分类，可以基于多种不同的标准。一种常见的分类方式是以时间为依据，根据历史事件发生的时代进行分类，例如，古代、中世纪、现代等；另一种分类方式是以地理位置为依据，将发生在不同地区或国家的历史事件进行分类；还可以以事件的类型进行分类，如战争、革命、发明等。通过多维度的分类，可以方便后续的检索和查询，也可以支持对历史信息的深入理解和分析。

对于历史事件的编码，主要是为了实现历史事件的唯一标识和快速查找。编码的方式有多种，可以基于时间、地点、事件类型等信息进行编码，也可以使用数字、字母或其他符号进行编码。编码应该简洁易懂，同时要具备良好的扩展性，以适应历史信息的增长和变化。在进行分类和编码的过程中，还需要建立一套完善的历史事件描述体系，对每一个历史事件进行详细的描述，包括事件的背景、过程、结果以及相关的人物、地点、时间等信息。这些信息不仅可以支持历史事件的理解和研究，也可以为后续历史模型的构建提供丰富的素材。

在进行分类和编码的过程中，一方面需要运用历史学的专业知识，另一方面需要利用信息科学的方法和技术。对于大量的历史信息，可以使用数据挖掘、文本分析等技术进行自动化处理和分析。这不仅可以提高工作的效率，也可以提高历史信息的准确性和完整性。在建立分类和编码系统的过程中，还需要进行持续维护和更新。随着新的历史事件的发生和新的历史研究的进展，可能需要对已有的分类和编码进行调整和修改。通过持续维护和更新，可以保证分类和编码系统的准确性和时效性。

（三）设计并创建模型

在这个过程中，需要将丰富多元的历史信息整合成结构化的数据模型，并通过合理的设计将这些模型赋予生动的形象和互动的可能性。而设计模型先要对模型的结构进行设计，需要考虑如何将复杂的历史信息进行有效的组织和整合。比如，可以将事件、人物、地点、时间等作为模型的基本元素，并根据它们之间的关系建立链接。这样不仅可以清晰地表示历史信息的内在结构，也为信息的检索和查询提供了方便。在模型的设计中，还需要考虑模型的扩展性和适应性。历史信息是丰富多变的，因而需要根据新的研究成果和信息源不断对模型进行调整和扩展。因此，模型的设计应当具有良好的灵活性，不仅能方便地添加新的元素和关系，也能适应不同类型的历史信息。

在设计完成后进行模型的创建，可以利用各种工具和技术将设计好的模型制作出来。比如，可以使用数据库管理系统存储和管理模型中的数据，可以使用程序设计语言实现模型的逻辑和功能，也可以使用可视化工具展示模型的形象和动态。在模型创建的过程中，需要注重模型的质量和性能。模型应当具有良好的数据完整性和一致性，能够准确地表示历史信息。同时，模型应当具有高效的运行性能，能够快速处理大量的数据和请求。创建模型的过程并不是一次性的，而是一个持续的过程。随着历史研究的深入和新信息的出现，可能需要对模型进行不断更新和优化。通过这样的持续努力，可以使模型始终保持最新的状态，能够更好地支持历史的研究和教学。

（四）模型的优化与升级

该环节不仅要有高质量的初始模型设计，还要持续不断地优化和升级，才能更好地满足用户需求，提供更优质的用户体验。其中，优化与升级的过程需要结合用户反馈、技术发展和研究进展等多方面因素进行。为了收集用户反馈，需要建立有效的反馈机制，比如，可以设置在线问卷、用户调查、反馈邮箱等，获取用户对模型使用的感受和建议。这样能够更好地理解用户需求，发现模型存在的问题，为优化提供方向。

在技术发展方面，随着计算机技术和数据分析技术的进步，总有新的工具和方法帮助优化模型。比如，新的数据库管理系统可以更有效地存储和查询数据，新的数据分析工具可以更准确地发现数据的规律，新的可视化工具可以更生动地展示模型的形象和动态。因此，需要不断关注技术发展，积极尝试新的工具和方法，将它们应用到模型的优化中。

历史研究是一个不断深入的过程，总是有新的研究成果和新的信息源出现。这些新的成果和信息，可能会改变对历史事件的理解，也可能会提供新的研究视角和方法。因此，需要及时关注研究进展，将新的成果和信息整合到模型中，不断丰富和更新模型的内容。在优化与升级的过程中，除了关注模型的质量和性能，还需要注重模型的可用性和易用性。比如，可以提供友好的用户界面，方便用户查询和浏览数据，也可以提供丰富的帮助文档和教程，帮助用户理解和使用模型。

二、建立实物化的二进制模型

在文化遗产保护的视野中，建立实物化的二进制模型充当了一个重要的角色。这一过程涉及全面的信息收集、科学的模型设计、物理实现以及模型迭代，每一个步骤都在为文化遗产的复原与再现提供必不可少的支持。通过此方法，工作人员可以更好地保护和利用这些珍贵的文化遗产，使它们在数字化的形式下得到延续和繁衍。这种尝试将为工作人员在文化遗产保护工作中开启新的篇章，为人们理解、感知和传承历史提供全新的可能。

（一）全面的信息收集

全面而又精确的信息不仅能确保模型的准确性，也为后续的设计和制作打下了重要的基础。全面的信息收集可以从以下五个方面入手。一是确定收集信息的范围。在开始收集信息前，需要明确要制作的模型需要哪些信息。这包括实物的尺寸、形状、颜色、材质、重量等物理特性,也包括实物的历史背景、用途、制作方法等。二是选择合适的信息来源。信息可以从图书、期刊、网站、数据库等书面材料中获取,也可以通过实地考察、采访专家、用户调研等方式获取。在选择信息来源时,需要考虑到信息的可靠性和准确性以及能否获取所需的全部信息。三是利用技术手段辅助信息收集。比如,可以使用测量工具和设备获取实物的尺寸和重量等物理特性,使用相机或扫描仪获取实物的外观和颜色,使用数据库和搜索引擎快速查找和筛选信息。四是建立信息管理系统。为了方便后续的使用和更新,需要将收集到的信息进行整理和管理。可以建立数据库、使用电子表格等工具,将信息分类存储,方便查找和修改。五是进行信息验证和更新。收集到的信息可能存在错误或比较陈旧,需要进行验证和更新。可以通过对照其他信息源、请教专家、进行试验等方式,确认信息的准确性。在使用过程中,如果发现信息有误或有新的信息,应及时进行修改和补充。

(二)科学的模型设计

模型设计阶段是信息转化为实物模型的核心步骤,决定了最终模型的质量和效果,其操作应由以下五个步骤构成。第一步为设定目标。这个步骤包括明确模型的使用人群、应用场景以及需要达成的目标。这些因素将影响模型的大小、复杂性以及需要突出的细节等方面。第二步为利用专业软件进行模型设计。存在许多专业的模型设计软件,如 AutoCAD、SketchUp、Blender 等,可以用于实现精细化的模型设计。利用这些软件,设计者可以根据收集到的信息进行模型的尺寸、形状、结构等方面的设计。第三步为关注模型的细节。在设计模型时,需要注意到实物的每一个细节,如色彩、纹理、光泽度等。这些细节会大大影响模型的逼真度和吸引力。在设计过程中,可以使用纹理贴图、颜色渲染等技术,增加模型的细节和逼真度。第四步为模型的可交互性设计。为了让模型更具吸引力,可以设计一些可交互的功能。比如,可以设计一些可移动的部分,或者添加一些动画效果。这将使模型更加有趣和生动,增强用户的使用体验。第五步为模型的可拓展性设计。在设计模型时,需要考虑到模型的可拓展性。即设计的模型在未来是否容易添加新的元素或者进行修改。这样可以使模型能够适应未来的需求变化,提高模型的使用寿命。

（三）物理实现

物理实现是将设计好的二进制模型具象化为实物的过程，具体操作需要由以下五个步骤构成。一是选择合适的制造技术。实物化的方式有许多种，如注塑、精密铸造、激光切割等。每种制造方式都有其特点和适用范围，选择最适合模型特性的制造方式是物理实现的关键。例如，对于精细雕刻的模型，可能需要选择激光切割等精确度较高的制造方式。二是挑选合适的材料。不同的材料具有不同的物理特性，如强度、韧性、颜色、透明度等，选择合适的材料可以确保实物模型的性能与设计模型一致，并且材料的选择还会影响模型的成本和制造时间。三是优化制造过程。在物理实现过程中，优化制造过程可以提高制造效率，降低制造成本，并保证模型的质量。比如，通过合理排版可以减少材料的浪费，通过精确控制温度和时间可以保证模型的精度和质量。四是测试和调试。在物理实现过程中，测试和调试是非常重要的步骤。在每一个制造阶段结束后，都需要对模型进行测试，确认模型的性能是否符合设计要求。如果发现问题，需要及时进行调整和优化。五是完成后的品质控制。在模型制造完成后，需要进行严格的品质控制，确认模型的各项性能指标都符合要求。如果发现问题，可能需要回溯到前面的制造步骤，进行问题的排查和解决。

（四）模型迭代

模型迭代是根据反馈和评估结果对模型进行改进和更新的过程，实践中的具体操作如下。首先进行数据的收集反馈。在这里，要注意收集和理解用户对当前模型的反馈。用户的反馈包含对模型性能、实用性和易用性的评价，是进行模型迭代的关键参考信息。对于公开展示或销售的模型，可通过问卷调查、用户访谈、在线评论等方式收集反馈；对于教学或研究使用的模型，可通过课堂反馈、研究报告等方式获取信息。其次将其性能进行客观且全面的评估。要对模型的性能进行系统评估。这可能涉及对模型的物理性能（如强度、韧性等）进行测试，或者对模型的功能性能（如教学效果、研究价值等）进行评估。对于更复杂的模型，可能需要运用模拟软件、实验室测试工具等进行评估。以此为基础，制订有效的改进方案。根据收集到的反馈和评估结果，制定模型的改进方案。改进方案应明确目标、方法和期限，以保证改进活动的顺利进行。改进方案可能包括改变设计方案、选择新的制造技术或材料、改进制造过程等内容,并且根据评估结果进行改进,这可能涉及重新设计、制造、测试和评估模型。在这个过程中,要及时记录改进的情况,以便在改进结束后进行结果分析和总结。

三、制作接近完美的复制品

在当代文化遗产保护的实践中,制作接近完美的复制品是一项具有特殊意义的挑战。这个过程包括材料的科学选取、精细的制作工艺、近乎苛刻的质量控制与校验以及理想的复制品保护与封存。这四个环节的实施,不仅彰显了技术在文化遗产保护中的关键作用,也表达了对历史和文化的深刻理解和尊重。这种复制品的制作,不仅在保护过程中减少了对原始文物的侵害,也为其普及和传播提供了新的可能。

(一)材料的科学选取

在选择复制文物的材料时,一个关键的标准就是这些材料必须尽可能地模拟出原物的质地、颜色和重量。那么,在这个过程中,怎样才能做到科学选取材料呢?一个可行的方法是通过材料科学的知识,对原物进行详细的研究,了解其成分、结构和性质。通过这些信息,可以在众多的材料中寻找那些具有相似成分、结构和性质的材料。比如,原物是由木头制成的,则应该选择那些可以模拟木头感觉和外观的材料,如某些特殊的塑料或复合材料。在选取材料的过程中,也需要考虑到材料的可得性和成本。在尽可能保持复制品质量的前提下,选择那些易于获取和成本相对较低的材料,这样可以有效地降低复制的成本,使复制工作可以在更大的范围内进行。材料的选取还应考虑到环境因素对复制品的影响。如果复制品需要在室外展示,那么选取的材料应该具有良好的耐候性,能够抵御雨水、阳光等环境因素的影响。如果复制品需要长期保存,那么材料应该具有良好的稳定性,不易老化和腐蚀。

复制品的安全性也是材料选取需要考虑的一个重要因素。复制品可能会被公众接触和使用,因此选取的材料必须安全无毒,不会对人体产生任何危害。

此外，对于一些可能被儿童接触的复制品，还需要考虑到材料的防撞、防抓伤等安全性能。

（二）精细的制作工艺

在这一环节要注意的是，制作工艺应当以原物为参照，尽可能地保持原物的细节和质感。在制作过程中，制作人员需要具备足够的专业知识和技能。对于每一个细节，都应当精心雕琢，以展示原物的美感和历史感。为此，制作人员需要不断提升自己的专业技能，学习和掌握更多的制作技术和方法。一方面，对于形状复杂、细节丰富的文物，制作人员需要通过专业的手法和工具，一点一滴地将每一个细节表现出来。比如，可以使用高精度的刻刀和雕刻机对复制品进行精细的雕刻和打磨。另一方面，制作工艺需要考虑到材料的性质和特性。不同的材料需要使用不同的制作方法，才能使复制品的质感和外观尽可能接近原物。比如，对于金属材料，可能需要通过锻造、打磨等方法展示其光泽和纹理；对于木质材料，可能需要通过雕刻、研磨等方法展示其纹理和色彩。在制作过程中，可能会出现各种意外和问题，制作人员需要有足够的耐心和决心面对这些问题，努力寻找解决方案，直到复制品的质量达到满意的程度。而这需要制作人员有一种追求完美的精神，对每一个细节都有足够的关注和热情。最后，制作工艺也需要不断地发展和创新。随着科技的进步，可能会出现新的制作技术和工具，制作人员需要保持开放的态度，接受新的技术和工具，将其用于制作工艺中，使复制品的质量不断提升。

（三）近乎苛刻的质量控制与校验

无论是选择材料、制作工艺，还是后续的展示，每个环节都不能缺少严格的质量把控，以确保复制品的完整性、精确性以及与原物的高度一致性。整个过程的首要任务是确保材料的质量。使用高质量的材料能保证复制品的整体效果，同时能使其更耐用，更能抵抗环境因素的影响。因此，材料的选择必须经过严格的质量审查，包括材料的纯度、强度、耐久性以及颜色等特性。然后是工艺的质量控制。细致的制作工艺能够确保复制品的每个细节都能尽可能地复现原物。这需要每个环节都有明确的标准，并且有专人负责监控，以确保每个步骤的完成度。最后是质量校验。在校验过程中，需要将复制品与原物进行对比，检查每个细节是否符合预期。这可能需要使用高精度的测量工具，例如，显微镜、光谱仪等，进行精细的检查。另外，也需要有专门的人员进行人工检查，对复制品进行整体观察，以确保其质感、色彩以及细节等方面的准确度。此外，还需要注意的是，在质量控制与校验过程中，可能会出现一些问题和差错。对于这些问题，需要有相应的处理机制，如修改制作工艺、调整材料比例、重新开始制作过程等。

（四）理想的复制品保护与封存

因为实现理想的复制品保护与封存不仅关乎复制品的物理特性，也涉及其长久的历史价值。所以应在材料选择、环境控制、封存技术以及后续管理等方面投入精力。其中，选用适宜的材料至关重要。高品质材料的使用，比如，耐腐蚀、抗紫外线、防潮湿的材料，能显著提升复制品的存储寿命。在这里，还要考虑环境变化可能对材料产生的影响，材料应具备一定的稳定性和抗老化性。环境控制则是另一个核心要素。理想的封存环境应对湿度、温度、光照等因素进行严格监控，以减少环境因素对复制品的潜在破坏。比如，某些材料可能会在高湿度或高温条件下产生形变，过度的光照可能会导致颜色褪色。为了避免这些问题，应使用先进的环境控制技术，确保封存空间内的环境参数保持在安全范围内。

当然，仅有环境控制是不够的。采用科学的封存技术可以进一步提高复制品的保护效果。封存技术应遵循相关的保存原则，例如，不使用可能对复制品造成伤害的材料以及避免在封存过程中对复制品造成额外的机械压力。尽管已经做出了接近完美的复制品，但是管理工作并未结束。一份详细的记录，如复制品的创建过程、使用的材料和工艺、封存的环境参数等，都应记录并保存下来，以便未来需要时能够进行查询。在管理过程中，定期的检查也是必要的，以确保封存环境的稳定性以及复制品的完好性。

四、文化遗产的新呈现方式

在中华优秀传统文化发展传承背景下,文化遗产保护作为至关重要的项目,其中形成历史的新呈现方式无疑是至关重要的一环,具体表现为数字化展览和创新艺术表现。在此期间,其意义更是不言自明。这两个方面的实践旨在以现代科技手段重塑和复兴历史,让更多人以全新的方式接触和理解过去。数字化展览提供了无障碍的访问方式,使历史文化更容易被触及;创新艺术表现则通过崭新的艺术形式展现了文化遗产的内在价值和魅力,从而实现对历史的深入理解和应用。

(一)数字化展览

在现代社会,数字化展览已经成为一个强大的工具,通过它,工作人员可以将历史文化遗产的复制品带到每个人的手中。不同于传统的博物馆和展览馆,数字化展览拓宽了展示历史的可能性,它不受地理位置和时间限制,为人们提供了一个全新的观展体验。构建一个成功的数字化展览需要一个可扩展和用户友好的平台,通过这个平台,用户可以在任何时间、任何地点访问到所需的历史复制品。该平台需要具备高清晰度的图像显示能力,以确保用户可以清晰地看到复制品的每一个细节。同时,搜索和分类功能是必不可少的,以便用户能够轻松找到他们感兴趣的复制品。为了增加互动性,还可以在展览中加入一些互动元素,如虚拟导览、在线问答等。这些功能不仅可以提供更多信息,还可以增加用户参与度,使用户可以更深入地了解和欣赏这些复制品。

(二)创新艺术表现形式

创新艺术表现形式在历史复制品的呈现方式上发挥了巨大作用,这无疑也是在文化遗产保护方面较为有效的方式。具体而言,借助创新的艺术表现形式,能让人们以全新的角度解读和理解历史,也能吸引更多的人关注历史文化遗产。通过创新艺术表现,可以将历史复制品与现代元素相结合,创造出独特的艺术作品。比如,可以将复制品与现代音乐、电影或舞蹈相结合,形成一种跨界的艺术表现形式。这种形式不仅可以为复制品注入新的生命力,也可以使公众对其产生更大的兴趣。另外,创新艺术表现形式也可以通过新的展示方式实现,如沉浸式展览、互动式展示等,以增强复制品的展示效果。比如,沉浸式展览可以将观众置于一个环绕的环境中,让他们亲身体验历史事件,这种方式能够让人们更深入地理解和感受历史。

第五章　虚拟现实：沉浸式的文化遗产艺术再现

第五章 虚拟现实：沉浸式的文化遗产艺术再现

在科技高速发展的今天，沉浸式体验已经成为文化遗产艺术再现的关键元素。其中，虚拟现实技术因其独特的沉浸性和交互性，在重新构建和理解文化遗产艺术方面发挥着巨大的潜力。增强现实（AR）技术可以将数字信息叠加到真实环境中，为用户提供富有趣味性的文化遗产艺术体验，让艺术走入日常生活。全景式的虚拟现实（VR）技术，则可以把用户带入仿真的虚拟环境，展现艺术作品的全方位魅力。而人机交互设计的应用则将用户需求、体验和反馈纳入艺术再现的过程，实现了艺术与观众的双向交流。下面将依次探讨这三大技术在文化遗产艺术再现中的应用，并阐述如何通过这些技术，提升人们的艺术体验，推动文化遗产艺术在虚拟现实环境中的再现。

第一节 AR 技术在文化遗产艺术再现中的应用

AR 技术已成为文化遗产艺术再现的重要媒介，其应用路径丰富且多元。跨越实与虚的界限，构建虚拟现实导览，实现艺术作品的精细复原以及创新性的艺术创作，并且借助互动教育和博物馆展览的实践，使观者能够更加深入、直观地接触和理解文化遗产，感受文化遗产的独特魅力。AR 技术不仅能将过去带到现在，也能将现在带入未来，从而打造一种新的艺术形式，这也正是 AR 技术在文化遗产艺术再现中所展现的巨大应用价值。

一、虚拟现实导览

AR 技术的应用，为文化遗产的呈现提供了无限可能，能够穿越时间和空间，实现无界限的空间探索，更加生动地再现历史情景，而且它提供了丰富的互动体验，让每个人都可以融入故事和情境，增强教育和学习的效果，满足个性化的导览体验需求。因此，AR 技术在文化遗产艺术再现中的应用价值是不可忽视的。

（一）实现无界限的空间探索

无界限空间探索的实现，归功于虚拟现实导览技术的突破性应用。这项技术使文化遗产的感知不再受地理位置或者实际访问条件的限制。即使身处千里之外，用户仍可通过虚拟现实设备获得身临其境般的体验感。比如，一处遥远的古堡地处荒僻，被严苛的自然环境和物理条件所阻隔，对于普通公众来说，亲自探索的可能性几乎为零。但是，在虚拟现实导览技术的帮助下，人们不必离开舒适的居所，就能全方位、多角度地参观这座古堡，甚至走进其内部，体验古人生活的氛围，感受历史的魅力。这样的探索不仅无须面对路途遥远、天气恶劣等实际困难，也不会对古堡本身的保护造成任何干扰。同样，对于一些对公众封闭的文化遗产，如古墓、洞窟等，虚拟现实导览技术提供了一个无侵入性的解决方案。人们可以足不出户，穿越屏幕，深入这些难以接近的场所，仔细研究其艺术和历史价值。这种方式可以在保护文化遗产的同时，让公众有机会欣赏这些珍贵的历史资源。

（二）提供丰富的互动体验

丰富的互动体验是虚拟现实导览的重要特点之一，其魅力在于打破了传统的"观赏"模式，引领参观者在多维度的感官体验中，深刻地感受文化遗产的内涵。在虚拟现实导览中，观众通过头戴设备进入虚拟环境，身临其境地观赏文化遗产。不仅如此，他们还可以通过虚拟手套、虚拟眼镜等设备，与虚拟环境进行直接交互。比如，在参观古罗马竞技场的虚拟环境中，参观者不仅可以欣赏宏伟的竞技场建筑，还可以亲手拾起一个虚拟的古罗马币，感受它的质地和重量，甚至可以投入祭祀的火炬中，感受古罗马的祭祀文化。

除了视觉和触觉外，听觉体验也是虚拟现实导览的重要组成部分。比如，当参观者走进虚拟的教堂时，他们就能听到远处教堂回荡的钟声，甚至可以听到远古僧侣的诵经声，这都使体验变得更加真实且立体。更为惊人的是，有的虚拟现实导览还可以为参观者提供角色扮演的机会，使他们能从不同的视角理解和体验文化遗产。比如，参观者可以在虚拟环境中扮演一个古代的建筑师，参与到建筑的设计和施工中，感受古人在建筑过程中所面临的挑战和取得的成就。所有这些丰富的互动体验都使虚拟现实导览变得生动有趣，大大提升了参观者的体验质量。而且，由于参观者能在体验中亲自参与和感受，他们对文化遗产的理解和记忆也更为深刻。这些互动体验不仅在视觉、听觉、触觉等感官上为参观者提供了全新

第五章 虚拟现实：沉浸式的文化遗产艺术再现

的感受，也在精神和情感上为参观者提供了新的体验，让人们能更深刻地理解和欣赏文化遗产，让文化遗产的保护和传承变得更有意义。

（三）结合故事和情境，增强教育和学习的效果

在文化遗产教育和学习的过程中，虚拟现实导览可以嵌入故事和情境，以此帮助观众更好地理解和感受文化遗产。通过情境化的故事展示，观众能更直观地了解文化遗产的历史背景，同时能更深入地感受文化遗产的魅力。文化遗产往往包含了丰富的历史和文化信息，而虚拟现实导览能将这些信息整合并通过各种情境和故事的形式呈现出来。比如，在虚拟现实导览中，观众能够以一个古代士兵的身份，参与到战争的场景中，去体验古代战争的惨烈；或者以一个古代皇帝的视角，游走在豪华的宫殿中，感受古代皇室的生活。这些新奇的体验不仅使观众在视觉上得到了满足，也在情感上产生了共鸣，从而更好地理解和记忆文化遗产的相关信息。在这里，情境和故事的形式能有效激发观众的兴趣和好奇心，使学习变得更有趣。对于年轻观众来说，这种方式能够使他们更容易接受和理解文化遗产的信息。对于成年观众来说，这种方式能够让他们重新审视和体验文化遗产，激发他们对历史和文化的兴趣和热爱。在这样的环境中，观众可以自由地探索和学习，而不仅仅是被动地接受信息。他们可以在虚拟环境中提出问题、寻找答案，甚至与虚拟环境中的人物进行对话和交流。这样的学习方式不仅可以使观众更深入地理解文化遗产，而且可以培养他们的主动学习和独立思考能力。

（四）提供个性化的导览体验

在虚拟环境中，用户不再只是被动地观看，而是可以根据自己的兴趣，选择观看不同的内容和角度。比如，在一个古建筑的虚拟现实导览中，有的人可能对建筑的结构感兴趣，他们可以选择更多地观看和了解建筑的各个部分；而有的人可能对建筑的装饰和细节感兴趣，他们可以选择观看和了解这些细节。每个人都可以按照自己的兴趣和需求选择自己最感兴趣的内容。在此期间，观众可以自主控制观看的速度，可以慢慢欣赏自己感兴趣的部分，也可以快速浏览自己不感兴趣的部分。这种控制权不仅可以让观众按照自己的节奏探索和欣

赏文化遗产，而且可以让他们有更多的时间思考和理解所观看的内容。观众也可以在虚拟环境中进行一些操作，比如，打开一个门、移动一个物品等。这些操作不仅可以增强观众的互动体验感，也可以让他们有更多的机会感受和理解文化遗产。

二、艺术作品复原

探讨文化遗产艺术再现的诸多手段，AR技术的应用在艺术作品复原的实践路径上占据着不可替代的地位。借助AR技术，艺术作品的历史样貌得以可视化，制作过程得以直观展示，互动体验得以实现，同时能创造出新的表现形式。这些实践的综合作用，展现了AR技术在文化遗产艺术再现中的独特价值和无限可能。

（一）可视化艺术作品的历史样貌

AR技术具有显著的视觉再现能力，能够根据历史文献和现存遗迹精准地还原艺术作品在历史上的原始样貌。这项能力的实现，源于AR技术的高级数据处理能力和精密的图像渲染技术。以一个古老的壁画为例，这样的历史文物因为年代久远可能已经遭受了严重的破损、颜色褪去、细节丧失，甚至部分画面已经不复存在。然而，AR技术能够突破这一难题。通过历史文献和遗址考古学家的研究，可以收集到壁画原始状态的信息，包括色彩、样式、尺寸等。然后，利用AR技术对这些信息进行精确的数字化处理，将它们转化为高清晰度的三维图像。随后则要通过AR技术的图像渲染功能，将这些三维图像重新合成，最终形成一个完整的、能够动态展示的壁画图像。在此过程中，AR技术能够确保每一处细节的准确再现，包括颜色的明暗、纹理的粗细等。不仅如此，AR技术还可以根据不同的光线和观看角度自动调整图像的明暗和色彩，使壁画的观看体验更加真实和生动。在这个过程完成后，观众就可以通过AR设备，如智能手机或者AR眼镜，看到壁画的原始全貌。不需要亲自到达历史遗址，就能亲眼看见壁画的原始风采。在这个过程中，观众不仅能领略古代艺术的美，也能通过观察艺术作品的细节，了解古代人们的生活和文化。在最近的一项实践中，就有研究人员利用AR技术，成功地复原了意大利庞贝古城的

第五章 虚拟现实：沉浸式的文化遗产艺术再现

一处壁画。这个壁画原本已经破损严重，但通过AR技术的再现，观众就像穿越回两千年前，可以清晰地看到壁画上的每一个细节，感受古罗马时期的艺术魅力。

（二）展示艺术作品的制作过程

AR技术所具有的动态展示能力能够再现艺术作品的制作过程，这为观众提供了一个了解艺术家创作意图和方法的独特视角。具体而言，无论是雕塑、绘画，还是其他形式的艺术作品，AR技术都能帮助人们深入探索它们的创作过程。

以一件石雕作品为例，它的制作可能涵盖了设计、雕刻、打磨等多个步骤。在传统的观赏方式中，观众只能欣赏成品，而对于制作过程则知之甚少。但AR技术的引入，打破了这一局限，为观众提供了全新的欣赏视角。其间，首要环节在于AR技术可以根据艺术家的设计草图制作出石雕的三维模型。这一模型可以展示石雕在设计阶段的形状、比例等基本元素。其次，AR技术可以模拟雕刻过程。在这个过程中，观众可以看到雕刻师如何在一块石头上逐渐刻出雕塑的形状，这个过程可以展示出艺术家对材质、工艺的熟练掌握，以及他们如何通过巧手和想象力，将一块石头转变为一个充满生命力的艺术品。最后，AR技术可以展示打磨过程。观众可以看到艺术家如何通过细心的打磨，让雕塑表面平滑如镜，从而展示艺术作品的细节和精致之处。

如此逼真的展示过程，让观众仿佛置身现场，能够直观地感受艺术创作的过程和难度，从而对艺术作品的价值和意义有更深入地理解和欣赏。在最近的实践中，法国罗浮宫利用AR技术成功地展示了米开朗琪罗的大卫雕像的制作过程。在展示过程中，观众可以看到大卫雕像从一块大理石逐渐被雕刻出形状，再经过打磨和细化，最终成为世界上最著名的雕像之一。这项展示不仅让观众对大卫雕像有了更深入地理解，也让他们对米开朗琪罗的艺术才华和独特创作方式有了更高的评价。所以，AR技术的介入，让艺术作品的欣赏不再局限于对其表面的欣赏，而是延伸到了其深层次的创作过程，为观众带来了更丰富的艺术体验。

（三）提供艺术作品的互动体验

AR技术以其强大的互动性和沉浸感，为观众提供了一种全新的艺术体验方式。它不仅让艺术作品从平面的展示跃升到了三维的空间，更使观众能够以前所未有的方式与艺术作品进行互动。借助AR技术，艺术作品的互动体验成为可能。以移动设备为载体，观众可以直接通过设备的摄像头和触控屏幕进行操作，从而"触摸"和"移动"虚拟的艺术作品。比如，观众可以通过在触控屏幕上的滑动，改变观看艺术作品的角度和距离，仿佛真正与艺术作品进行了近距离接触。在这个过程中，观众不仅可以欣赏艺术作品的美，还可以感受艺术创作的魅力，这无疑大大增加了观众的参与度和体验感。

AR技术的这种互动性，甚至可以改变观众与艺术作品的关系。在传统的艺术欣赏中，观众通常是艺术作品的观察者，而艺术作品则是被动的展示对象。但是在AR技术的辅助下，观众不仅仅是观察者，也可以成为艺术作品的参与者，通过互动进一步理解艺术作品的意义和价值。在最近的一次实践中，美国洛杉矶县立艺术博物馆成功地利用AR技术为观众提供了一场独特的互动体验。在体验过程中，观众可以通过手机在博物馆中的各个角落"发现"虚拟的艺术作品，并与之"互动"。比如，观众可以"移动"一个虚拟的雕塑，观看它在不同环境下的效果，或者通过"触摸"屏幕，了解雕塑的纹理和细节。这些体验让艺术作品从博物馆的展台上走进了观众的生活，让艺术欣赏变得更加生动有趣。

（四）艺术作品的新的表现形式

AR技术作为一种前沿的科技手段，已经被广泛应用于各个领域，其中就包括对艺术作品的呈现。它能够在实现艺术作品原本的美感展示的同时，引入动画、音乐、3D效果等元素，从而赋予艺术作品新的表现形式，丰富其表达的维度，提升其对观众的吸引力。AR技术带来的动画效果能使艺术作品焕发新生，提供一种全新的视觉感受。比如，一幅静态的绘画作品，通过AR技术的加持，可以呈现出动态的场景，使画面中的人物或景物"活"起来，增加了艺术作品的趣味性和观赏价值。音乐元素的引入，又为艺术作品的表达添加了情感的维度。观众在欣赏艺术作品的同时，通过听觉感受音乐的旋律和节奏，提升了观赏过程的沉浸感和情感共鸣，从而使艺术作品的感染力更上一层楼。3D 效果则进一步加强了艺术作品的立体感和真实感。传统的艺术作品以 2D 平面展示为主，而 AR 技术可以帮助观众透过屏幕感受艺术作品的深度，从而更加直观地理解艺术作品的内涵，提高他们对艺术作品的审美体验。

三、艺术创作

AR 技术的出现，为艺术创作的实践提供了新的路径。这种技术让艺术家能够以新颖的方式融入历史与现代元素，为观众带来与众不同的互动性艺术创作体验，并提供视觉、听觉、触觉等多种感官体验。这些独特的属性使 AR 技术成为文化遗产艺术再现中实现价值升华和创新表达的关键工具，引领人们进入一个崭新的艺术创新时代。

（一）融入历史元素与现代元素

如今，AR 技术的引入已经在许多领域创造了新的可能性。特别是在文化艺术领域，这一技术打开了一个新的维度，使历史与现代元素的融合成为可能。AR 技术的出现实现了现代元素与历史文化遗产的无缝融合。这一过程不仅保留了文化遗产的原始特点，还为其注入了现代的活力。以历史建筑为例，原本可能古老且庄重的建筑，由于年代久远可能已经失去了原有的生机。然而，借助 AR 技术，艺术家可以在这些建筑上添加现代设计元素，如现代风格的装饰或者现代生活场景的投影等，这样一来，历史建筑不仅保留了自身原有的特色，也焕发出新的生命力，为人们提供了全新的审美体验。

另外，AR 技术也被用于举办各种展览活动。举例来说，有些艺术家利用 AR 技术在古老的画作上添加了现代元素，如动画效果、互动内容等，使这些古老的艺术作品在保持原有韵味的同时多了一份现代的趣味性。AR 技术的另一大应用领域是旅游业。比如，在一些历史悠久的旅游景点，游客可以通过 AR 技术在现场看到古代人们的生活场景，这些现代元素的添加，使游客能够更好地理解和体验历史文化，同时提高了旅游的趣味性和教育意义。

（二）互动性的艺术创作体验

AR 技术以其高度互动性和个性化体验，已在艺术创作领域开辟出一片新的天地。在这个充满可能性的领域，观众不再只是欣赏者，而是成了艺术创作过程中的参与者，亲手创作独一无二的艺术作品。比如，在某些现代艺术展览中，工作人员通常会为观众提供AR设备，如智能手机或者专用的AR眼镜，观众可以通过这些设备在真实环境中添加或更改艺术元素，如色彩、形状、纹理等，形成个人化的艺术创作。这些互动体验让每个参观者都能在现场创造出独一无二的艺术作品，这种新颖的体验方式大大提高了观众对艺术的兴趣和参与度。再从另一角度出发，AR技术在公共艺术项目中发挥着重要作用。以公共墙绘项目为例，参与者可以在AR设备上设计出自己的作品，然后将这些作品通过AR技术投影在真实的墙面上。这种方式可以让更多人有机会参与到公共艺术项目中，成为艺术创作的一部分，同时让公共空间变得更加生动和多元。

此外，AR技术在教育领域也具有巨大的应用潜力。在艺术教育中，AR技术可以提供一种全新的学习方式，让学生能够通过实践理解和掌握艺术创作的技巧。比如，在绘画课程中，学生可以使用AR设备在真实的空间中进行绘画创作，这种创新的学习方式能够激发学生的创新思维和创作热情。在电影和动画制作中，AR技术也展示出了独特的价值。通过AR技术，导演和设计师可以在真实的拍摄场景中预览虚拟的角色和物体，进行实时的调整和修改。这种方式不仅提高了制作效率，也为艺术创作带来了更多的可能性。

（三）提供多感官体验

在艺术创作和欣赏过程中，感官体验扮演着至关重要的角色。观赏者通过视觉、听觉、触觉等感官理解和感受艺术作品，这些多感官体验构成了艺术的丰富性和多样性。而AR技术的引入，将这种多感官体验推向了一个新的高度。想象一下，当你走进一个画廊，眼前的画作不再是单纯地提供视觉体验，而是能提供视觉、听觉、触觉等多感官体验的艺术作品。你可以看到画作中的色彩、形状和纹理，同时，你可以听到与画作相应的音效，甚至可以通过AR设备"触摸"画作中的某些元素。这些多感官体验不仅丰富了艺术作品的表现力，也使观赏者可以更深入地理解和感受艺术作品。以雕塑为例，传统的雕塑作品主要通过视觉和触觉两种感官表达艺术家的创作意图。而现在，艺术家可以利用 AR 技术在雕塑中添加音效或者动画效果，使观赏者能够在视觉和触觉之外，通过听觉和视觉动态效果理解和欣赏雕塑。这种多感官体验使雕塑作品的表现力更加丰富，同时增强了艺术作品的沉浸感。在音乐领域，AR 技术也有着广泛的应用。比如，一些音乐会现场利用 AR 技术在舞台上展现各种视觉效果，与音乐演奏同步，使观众能够在获得听觉体验的同时，感受丰富的视觉效果。

四、互动教育

引领人们步入文化遗产艺术再现的探索之旅，正是 AR 技术那广阔且充满可能性的应用。其通过提供身临其境的学习体验，赋予人们直观而深刻的历史观感。多元化的教学方式让遥远的文化遗产有了生动且丰富的呈现形态，满足了个性化的学习路径，激发了人们对文化遗产的独特见解。在这个过程中，互动性的学习体验更是将人们与遥远的文化遗产紧密连接，让学习变得趣味盎然。因此，AR 技术在文化遗产艺术再现中，已经体现出极大的应用价值。

（一）AR 技术提供身临其境的学习体验

AR 技术的引入，为传统的文化遗产教育注入了新的活力。以往文化遗产的学习和传承主要依赖图书、图片、视频的形式，虽然这些形式在一定程度上帮助人们理解和记忆文化遗产，但其局限性也是显而易见的。它们无法提供真实、直观和多元化的学习体验，学习者难以深入理解和感受文化遗产的真实情境和内在价值。而 AR 技术则为解决这个问题提供了新的可能。

AR 技术能够将真实的环境与虚拟的信息完美地融合在一起，为学习者创造一个富有沉浸感的虚拟环境。在这个环境中，学习者可以直观地看到和体验文化遗产的全貌和细节，如同置身于历史现场一般。这种身临其境的学习体验使学习者能够更深入地理解和感受文化遗产，同时极大地提高了学习效果。以历史建筑为例，借助 AR 技术，学习者可以在真实的环境中观看和体验历史建筑的原貌。他们可以看到建筑的详细构造，感受历史建筑的壮丽气势，同时可以了解建筑背后的历史故事和文化内涵。这种体验方式不仅比图文和视频介绍更直观、更生动，也使学习者能够更深入地理解和记忆文化遗产。AR 技术在文化遗产教育中的应用也十分广泛，如在博物馆、历史景点、教育机构等场所中。在博物馆中，AR技术可以帮助观众更好地理解和欣赏展品。在历史景点中，AR技术可以为游客提供丰富的信息和体验。在教育机构中，AR技术可以使学生在学习过程中获得更真实、更生动的体验。

（二）AR技术实现多元化的教学方式

教学方式的多元化是提高教学效果和满足不同学习者需求的关键，AR技术的出现为实现这一目标提供了新的可能性。与传统的教学方式相比，AR技术可以融合多种媒体形式，如音频、视频、3D模型等，打破了单一的教学模式，创造出更加生动、直观、丰富的教学体验。试想一下，在历史课堂上，教师使用AR技术展示一座3D的古代城堡模型，学生不仅可以从各个角度观察城堡的结构，甚至可以进入城堡内部，直观地了解古代人们的生活环境和习俗。在这个过程中，相关的历史人物和事件通过音频、视频等形式进行介绍，让学生有一种身临其境的感受。这样的教学方式可以更好地激发学生的学习兴趣，使他们更深入地理解和记忆知识。

不仅如此，AR技术也可以实现个性化的教学。不同的学生有不同的学习习惯和偏好，有的学生喜欢视觉的学习方式，有的学生则更偏好听觉或触觉的学习方式。AR技术可以根据每个学生的需求，提供符合他们偏好的学习体验。比如，对于偏好视觉学习的学生，教师可以利用AR技术展示丰富的图像和动画；对于偏好听觉学习的学生，教师可以通过AR技术提供音频讲解和解说。

（三）AR技术实现个性化的学习路径

个性化学习路径是教育的一种理想状态，它使每个学习者都能根据自己的兴趣、特长和学习速度进行学习，从而最大限度地发挥他们的学习潜力。这在传统的教学模式中往往难以实现，因为在面对面的教学环境中，教师需要照顾到所有学生的学习需要，往往无法针对个体为其提供个性化教学。然而，AR技术的出现，开启了个性化学习的新路径。AR环境中的学习者可以根据自己的喜好和节奏自由选择学习的内容和路径。对于文化遗产的学习来说，这意味着他们可以选择深入了解自己最感兴趣的历史时期或者文化遗产。比如，在一个AR展示的古罗马城市中，一些学习者可能对古罗马的建筑设计极其感兴趣，他们可以选择更深入地研究古罗马的建筑风格和设计技术；而有些学习者可能对古罗马的社会制度和文化更感兴趣，他们则可以选择了解和体验古罗马的日常生活，如市场、剧院、浴场等。

还有一点需要注意，AR 技术能让学习者在文化遗产的不同部分之间自由切换。比如，在 AR 环境中，学习者可以自如地在古城的各个地方"行走"，如从广场走到剧院，再从剧院走到浴场。在这一过程中，他们可以随时查看相关的解释和信息，提问并获得答案。这种随意性和自由性使学习过程更加个性化，更贴合每个学习者的兴趣和需求。

（四）AR 技术提供丰富的互动学习体验

传统的学习方式通常只能提供一种单一、被动的学习体验，学习者通常只是被动接受信息，而没有机会实践和操作。然而，AR 技术的出现打破了这种局面，它不仅可以为学习者提供一种身临其境的学习体验，还可以让学习者有机会进行互动，参与到学习过程中。借助 AR 技术，学习者不仅可以"观看"文化遗产，还可以进行各种形式的互动。比如，他们可以通过虚拟操作，亲手"触摸"虚拟的文化遗产，从而体验在现实生活中无法实现的互动。这种互动体验不仅增强了学习者的学习乐趣，也有助于提高学习者的学习参与度。比如，学习者可以通过 AR 设备，参与到文化遗产的保护和修复工作中。他们可以使用虚拟的工具，如虚拟的刷子和颜料，对文化遗产进行"修复"，在这个过程中，他们可以体会到文化遗产保护的重要性，也可以了解文化遗产保护的基本方法和技巧。

五、博物馆和展览会

进入博物馆和展览会的那一刻，AR 技术会向人们展示其在文化遗产艺术再现中的卓越能力。沉浸式的观展体验仿佛打开了历史的大门，让人们"亲身"感受历史的韵味。展览内容丰富多元，让每一件艺术作品都独具生命力。互动式的参观则转变了旁观者的身份，让人们真正融入艺术作品，成为艺术再现的一部分。而创新的艺术展示方式，则是对传统艺术表现形式的一次积极挑战，让文化遗产在新的视角下闪烁出独特的光芒。

（一）打造沉浸式观展体验

AR技术的出现为博物馆创新提供了新的可能性，尤其是在打造沉浸式观展体验方面。博物馆不再只是展示文物的场所，而是变成了让人们穿越历史、体验过去生活的时空隧道。通过AR技术，博物馆可以根据文物的背景和历史环境，构建出完整的历史场景，让观众可以在其中自由漫游，感受历史的气息。设想一下，参观者步入博物馆，佩戴上AR眼镜，就仿佛走入了一个新的世界。他们可以看到古代城市的街道景象，听到人们的对话声，感受到古人的日常生活。他们可以走进古代建筑，欣赏其独特的建筑风格和装饰艺术；他们可以看到古人在市场上买卖商品，了解古代的商业活动和社会生活；他们甚至可以参与古代的庆典活动，体验古代的节日氛围和习俗。这种沉浸式的观展体验，使历史文化从冰冷的文字和物件中解放出来，变得生动活泼、触手可及。它让观众能够更加直观地理解历史文化、感受历史的魅力。在这个过程中，观众不再是被动的接受者，而是成为历史的体验者和参与者。

（二）丰富展览内容

AR技术的运用在博物馆领域无疑开启了一个新的篇章，其中一个最主要的优势是它极大地丰富了展览内容。它不仅为观众提供了全新的视角和体验方式，还使观众能够更深入地理解和欣赏艺术作品。如果在一个普通的博物馆展览中，观众只能看到一件古老的陶器或一幅珍贵的油画，但在AR技术的支持下，这些展品便有了新的生命和可能性。通过AR技术，博物馆可以为每一件展品创建一个虚拟的3D模型。观众通过专门的AR设备，如AR眼镜，就可以看到这些立体的展品模型。他们可以从不同角度观察展品，甚至可以近距离查看展品的细节，体验仿佛能够触摸到展品的真实感。

AR技术还可以模拟展品的使用过程。比如，对于一件古老的乐器，博物馆可以通过AR技术让观众看到和听到它的演奏效果；又如，对于一件古代的武器，博物馆可以让观众看到它在战场上的使用情景。这些体验不仅可以让观众更加直观地了解展品的功能和用途，也可以让他们感受展品的历史价值和文化内涵。另外，AR技术还可以描绘展品的创作背景。博物馆可以利用AR技术构建一个虚拟的历史场景，让观众看到艺术家创作作品的过程，或者展品在

第五章 虚拟现实：沉浸式的文化遗产艺术再现

古代社会中的使用环境。这样的体验能让观众更加理解艺术作品的创作意图和社会意义，也能让他们更加欣赏艺术作品的美学价值。

（三）实现互动式参观

AR 技术的发展改变了传统博物馆参观体验的被动性，为观众带来了全新的互动式参观方式。如今，观众不再只是静静地站在展览柜前欣赏展品，而是可以通过 AR 技术与展品进行互动，深度参与到展览中，这种积极的参与方式极大地增强了展览的吸引力。比如，面对一件古代的华丽服饰，观众不再只是远远地欣赏它的美丽，而是可以通过 AR 技术虚拟试穿这件服饰，他们可以看到自己穿上这件服饰的样子，也可以在虚拟的镜子前转动身体，观察服饰的各个角度，甚至可以模拟走在古代的宫廷或街道上，体验古代人的生活。

不仅如此，面对一件古代工具，观众也不再只是猜测它的用途，而是可以通过 AR 技术模拟操作这个工具，亲自体验它的功能。比如，观众可以试着用古代的农具耕作，或用古代的乐器演奏音乐。这些互动体验能让观众更加深入地了解历史文物，也能让他们更好地体会历史文化的魅力。同时，这种互动体验让博物馆的展览变得更加有趣和吸引人，从而吸引更多观众前来参观。

（四）创新艺术展示方式

AR 技术对于博物馆领域的影响非常深远，它不仅改变了人们的参观方式，也为博物馆提供了新的艺术展示手段。博物馆可以借助 AR 技术，将艺术作品以前所未有的方式进行展示，从而使艺术作品更加生动、更能引起观众的兴趣。如果观众在博物馆中欣赏一幅古代画作，传统的展示方式只能让观众在一定距离外欣赏这幅画，了解它的构图和色彩，然而，借助 AR 技术，这幅画作就能变得栩栩如生。画面中的人物和景物仿佛跃出画面，变成一个小型的动画，展现故事的情节和人物的动态。这样的展示方式不仅使艺术作品更加生动，也能引起观众的强烈兴趣，让他们更深入地理解艺术作品。

对于雕塑作品而言也是如此，AR 技术能为其添加全新的元素。传统的雕塑作品是静态的，观众只能从外形和结构上欣赏其艺术价值。然而，借助 AR 技术，博物馆可以给雕塑添加声音，使其变得更加立体和生动。比如，对于一件历史人物的雕塑，博物馆可以添加这个人物的语音，让他"讲述"自己的故事或历史事件。这样的展示方式不仅能让观众从多个角度了解和欣赏雕塑作品，也使艺术作品更能引起观众的共鸣。这些创新的展示方式，不仅可以使艺术作品更加生动，也可以使博物馆的展览更加吸引人。它们让艺术作品跳出了框架，成为观众可以与之互动的艺术世界。

第二节　VR 技术在文化遗产艺术再现中的应用

虚拟现实（VR）技术在文化遗产艺术再现中的应用广泛且具有深远影响。艺术作品的复原、遗址的再现、艺术创作及历史事件的模拟都体现了 VR 技术的强大力量。当人们面对古老的艺术作品或遗址时，VR 技术能将其精确地复原并进行功能模拟，帮助人们进一步理解其艺术价值和历史意义。同时，艺术创作者利用 VR 技术进行艺术创作，以新颖的视角和方式表达艺术想象。历史事件模拟则让人们有机会亲身体验历史，理解和感知历史的真实性。各个方面的具体应用都将在后续的论述中详细探讨，以期深入揭示 VR 技术在文化遗产艺术再现中的应用价值和意义。

一、在文化遗产艺术作品复原方面的应用

虚拟现实（VR）技术在文化遗产艺术作品复原方面，显现出巨大的潜力和多样化的应用前景。具体来看，三维建模能精准还原艺术作品的原始形态，艺术作品功能模拟则为观众提供了实感的互动体验。历史背景展示帮助人们深入理解作品产生的文化环境，而艺术作品的详细解读则提升了观众对艺术作品深度理解的可能性。在后续的论述中，将进一步详细阐述这四个方面的内容及其在文化遗产复原中的重要价值。

（一）三维建模

三维建模是 VR 技术在文化遗产艺术作品复原中的关键应用。以三维技术对文化艺术作品进行建模，实现艺术作品的全方位、多角度展示，不仅能让用户近距离欣赏艺术作品，还能为用户呈现艺术作品的真实质感和微观细节。特别是对于那些体积庞大、细节复杂的艺术作品，利用 VR 技术进行三维建模，

就可以让用户无须移步,即可在虚拟环境中全方位地观察和欣赏艺术作品,并且三维建模还可以打破现实的空间限制,实现对艺术作品的精细化展示。比如,有些艺术作品的内部构造复杂,单纯的外部观察无法完全展示其艺术魅力。而利用 VR 技术进行三维建模,就可以模拟艺术作品的内部结构,让用户深入艺术作品的内部,体验其构造之美。这种全方位、多角度的展示方式,不仅增强了用户的视觉体验,还加深了用户对艺术作品的理解和认知。

(二)艺术作品功能模拟

凭借 VR 技术的力量,文化遗产艺术作品的功能模拟有可能达到前所未有的深度和真实性。真实的使用场景和艺术作品的功能,能够在虚拟环境中被精确地复现出来,使用户可以体验到与真实物品相似的感官刺激。以古代音乐器具为例,它们的音色和旋律可以通过 VR 技术得到复现。用户在虚拟环境中,可以选择不同的音乐器具进行模拟演奏,那种体验仿佛穿越时空,直达古代音乐的源泉。在这个过程中,用户不仅可以深刻感受古代音乐的魅力,还可以了解古代音乐器具的特性和使用方式,从而增进对文化遗产的认识。这种体验方式带给人们的不仅是艺术的美感,更是对艺术作品的理解和认知。对于那些已经失传的古代音乐,通过 VR 技术的模拟,人们可以尽可能地接近它们原本的面貌,理解它们的演奏方法和音色特点。这不仅可以丰富人们的艺术体验,也可以让人们对文化遗产产生更深的认知。

(三)历史背景展示

VR 技术的出现,提供了一种新的视角和可能性,让人们有机会更深入地了解艺术作品的历史背景。通过构建虚拟的历史环境,艺术作品可以在其原有的历史背景下展示,这对于提升艺术作品的历史文化内涵有着重要作用。在这个虚拟的历史环境中,每一件艺术作品都能回归其原始的生活背景。它们不再是被剥离了背景的单一物件,而是一个有生命、有故事、有历史的存在。这样的展示方式,能够使观者在欣赏艺术作品的同时,感受它们的历史气息和文化韵味。对于那些具有特定历史背景的艺术作品来说,VR 技术的运用尤其重要。一件艺术作品,它的形成、发展以及价值,都与其历史背景密切相关。通过

VR技术，可以为艺术作品提供一个真实且具有历史感的环境，让人们可以在观赏艺术作品的同时，理解其背后的历史和文化。这种方式的展示，不仅能让人们更深入地了解艺术作品，也有助于人们更好地理解和感知历史。对于那些曾经的历史事件和人物，人们可以通过这种方式来感知他们的存在，了解他们的生活和情感。这无疑是一种新的历史教育方式，它让历史从枯燥的文字和数字中解放出来，变得更加生动和鲜活。

（四）艺术作品的详细解读

虚拟现实技术为艺术作品提供了一种新的解读方式。传统的解读方式主要依赖文字或语音导览，可能无法满足现代观众对于深入理解艺术作品的需求。而VR技术的应用，可以为艺术作品添加更丰富、更详细的解读信息，如作者的介绍、创作背景、艺术风格等，大大提升了观众理解艺术作品的深度。在虚拟现实的环境中，艺术作品的解读不再是单向的，而是变得更具交互性。人们不仅可以在空间上全方位、近距离地欣赏艺术作品，还可以通过触摸、拉近、旋转等动作，更直观地了解艺术作品的细节。与此同时，详细的解读信息也会随着观众的视线和动作实时出现，使人们在欣赏艺术作品的过程中，也能深入了解艺术作品的历史背景、创作思想和艺术技法等方面的知识。比如，人们在观看一幅古代画作时，可以通过VR技术了解画作的创作年代、作者的生平事迹、画中人物和事物的寓意等信息。这些信息除了能让人们更好地欣赏艺术作品外，还能让人们感受艺术作品的历史价值和文化内涵。

（五）艺术作品的创作过程模拟

VR技术的崛起，让艺术创作过程的模拟成为可能，让人们有机会亲自扮演艺术创作者的角色，亲身体验艺术创作的过程，理解艺术作品的创作思路。这种创新的体验方式，可以让人们更深入地理解艺术，感受艺术的魅力。当人们通过VR技术，亲自参与艺术作品的创作过程时，他们不再是旁观者，而是真正的参与者。他们可以在虚拟的环境中，尝试不同的艺术创作方法，体会艺术家在创作过程中的思考和选择，感受艺术创作的喜悦和挑战。这种亲身体验的过程，无疑会增加人们对艺术作品的理解深度，提高艺术作品的欣赏价值。

例如，在虚拟环境中，人们可以模拟名画的创作过程，从画布的准备到画笔的挑选，再到颜色的调配，每一个细节都可以亲身体验。在这个过程中，人们可以了解艺术家在创作过程中的每一个决定，包括他们如何选择主题、如何构思构图、如何表达情感以及如何通过细节展现艺术作品的主题。这种体验，可以让人们更深入地理解艺术创作的过程，感受艺术的生命力和魅力。

二、在文化遗产遗址还原中的应用

虚拟现实（VR）技术在文化遗产遗址还原中呈现了诸多优势。具体而言，三维重建可为观者提供近乎真实的遗址观感，历史场景模拟则通过重塑历史情境增强人们的历史体验，遗址的功能解读借助VR技术能更直观、更形象地揭示遗址的历史意义与用途，遗址保护与修复则能以全新的方式进行文物的保存和维护。

（一）三维重建

虚拟现实技术的应用为历史遗迹和文化遗产的保存和展示提供了新的可能。这种技术可以将历史资料与现代科技相结合，对文化遗址进行三维重建，以便在虚拟环境中展示其原有的风貌。不仅如此，通过VR技术，观众还可以打破时间和空间的限制，自由探索这些历史遗迹，大大增加了文化遗产的吸引力和影响力。

一座遗址，无论是古代城市的遗址，还是文明古迹的遗址，都是历史的见证。然而，随着时间的推移，这些遗址可能会遭受自然环境和人为因素的破坏，原有的风貌逐渐消失。而现在，因为有了VR技术的帮助，人们可以根据历史资料对遗址进行三维重建，使其在虚拟环境中重现原有的风貌。这个过程需要精细的工作和大量的数据。首先，需要收集关于遗址的所有历史资料，包括古籍、图纸、照片等。其次，根据这些资料使用三维建模软件，进行遗址的三维模型的构建。在这个过程中，需要考虑到遗址的形状、尺寸、材质、色彩等所有细节，以确保三维模型的准确性和真实感。最后，将这个三维模型导入虚拟现实环境中，让观众在虚拟环境中欣赏遗址的原有风貌。在虚拟环境中，观众可以自由地探索这些历史遗迹，无须担心会对遗址造成破坏。他们可以近距离观察遗址的每一个细节,甚至可以进入遗址内部体验历史遗迹的独特魅力。这种体验方式无疑增加了文化遗产的吸引力,也让更多人有机会了解和欣赏人类的历史文化遗产。

(二)历史场景模拟

虚拟现实技术带来的另一种可能性,就是模拟文化遗产遗址在历史上的实际场景。在这些虚拟的场景中,用户可以身临其境地体验历史,无论是漫步在古城的街市,还是参加古堡的宴会,都能给人们带来独特的历史体验。以古城的街市为例,虚拟现实技术可以根据历史资料重现古城的街市景象。在这个虚拟的街市中,用户可以看到各种各样的店铺和摊位,听到叫卖声和人们的交谈声,闻到各种食物的香气,甚至可以与虚拟的商贩和顾客进行交互。这种体验方式,让用户仿佛身处古城的街市中,从而更加真切地感受历史的魅力。

另外,虚拟现实技术也可以模拟古堡的宴会场景。用户可以在虚拟的宴会厅中,看到华丽的装饰和摆设,听到宴会的音乐和欢笑声,甚至可以尝试跳一段古代的舞蹈,或是品尝虚拟的宴会美食。这种体验方式可以让用户感受宴会的氛围,体验古堡生活的豪华和繁华。这种通过虚拟现实技术模拟历史场景的方式,可以让用户更加直观地了解和体验历史。

(三)遗址的功能解读

虚拟现实技术的另一个应用是对文化遗产遗址功能的解读。这种解读可以帮助用户更全面地理解遗址的历史背景、功能用途、地理位置选择等多个方面,进一步增强用户对文化遗产的认知和欣赏。以古代建筑的用途为例,各类古代建筑都有其特定的功能和用途。比如,皇宫是皇帝居住和处理国事的地方,庙宇则是人们进行宗教活动的地方。虚拟现实技术可以在模拟出的古代建筑环境中,通过文字、语音、图像等方式详细解读这些建筑的用途,让用户在亲身体验的同时,更深入地了解古代建筑的功能。

除此之外,对于地理位置的选择理由,虚拟现实技术也可以进行深度解读。比如,古代城市的位置通常根据地理环境、交通条件、防御需要等因素进行选择。在虚拟的城市环境中,可以详细介绍这些选择理由,帮助用户理解古代人们的智慧和考虑。还有一点不可否认，即通过解读，展示遗址的建筑风格、装饰艺术、工艺技术等方面，让用户更全面地了解遗址的特点和价值。这种解读，不仅可以提高用户对遗址的认知和理解，还可以激发用户对历史文化的兴趣和好奇心。而这种虚拟现实技术的应用，可以让用户在体验的同时，获得丰富的历史知识和文化信息，更深入地了解和欣赏文化遗产。这不仅可以提高用户对历史文化的理解和欣赏，还可以提高文化遗产的影响力和吸引力。

（四）遗址保护与修复

虚拟现实技术在文化遗产遗址还原中的又一重要应用是遗址保护与修复。通过这项技术，用户能够详细记录遗址的当前状态，这些记录可以为未来的修复工作提供参考。遗址的状态会随时间和环境的变化而变化，例如，自然环境的侵蚀、人为破坏等都可能导致遗址的损坏。这时，虚拟现实技术可以通过高精度的扫描和建模对遗址进行详细的记录和保存。这些记录不仅包括遗址的形状和结构，还包括遗址的颜色、质地等细节信息。这些详细的记录可以为未来的遗址修复工作提供精确参考，使修复工作更准确、更高效。

此外，虚拟现实技术还可以用于遗址的修复工作。比如，修复人员可以在虚拟环境中预览修复效果，进行修复方案的模拟和验证。这可以避免在实际修复过程中的错误，提高修复的精度和质量。同时，虚拟现实技术可以帮助修复人员进行修复技术的学习和训练，提升修复人员的技能。在遗址的保护方面，虚拟现实技术也发挥了重要作用。比如，通过创建虚拟遗址，用户可以在虚拟环境中进行参观和学习，而不需要到实际的遗址中。这不仅可以保护遗址免受游客过多的干扰和破坏，也可以让更多人有机会接触和学习历史文化。

（五）遗址的互动参观

虚拟现实技术的又一出色应用体现在提升文化遗产遗址的互动参观体验方面。在虚拟遗址中，用户可以通过一系列的互动环节，如虚拟挖掘、虚拟修复等，更深入地了解遗址，并增强其参观体验。以虚拟挖掘为例，此类互动环节允许用户体验考古学家在发掘遗址时的感觉。他们可以在虚拟的环境中挥动考古工具，小心翼翼地挖掘遗址中的各种物品。这样的体验，不仅可以让用户更直观地了解考古工作的内容，还可以激发他们对历史和考古的兴趣。

还有一点需要引起高度重视，虚拟修复提供了一种新的互动体验。用户可以在虚拟环境中修复古代建筑或文物，了解修复工作的复杂性以及重要性。这些互动体验，使用户有机会接触到通常只有专业人员才能进行的工作，增强了他们对文化遗产价值的理解。互动体验也可以为用户提供丰富多样的学习机会。比如，用户可以通过互动游戏学习关于遗址的历史知识，或者通过互动模拟了解古代人们的生活方式。这样的体验方式不仅可以让学习变得更有趣，也使知识的传递更有效。对于遗址的管理者来说，提供互动体验的虚拟遗址也有助于吸引更多的参观者。它能提供一个不受地理、时间限制的学习和参观平台，使更多人可以接触这些文化遗产，进一步提高文化遗产的社会影响力。

三、在文化遗产艺术创作方面的应用

虚拟现实（VR）技术在文化遗产艺术创作中展现了无限的潜力。对虚拟创作工具的科学选择将催生创新的艺术形式，而在虚拟环境中开展艺术教育可以实现高效的学习体验。同时，VR技术为艺术作品的展示和艺术实验室的构建提供了新的可能，让艺术展示和探索在三维环境中实现。在此基础上，艺术合作也得以跨越地域限制，实现全球范围内的合作创作。这些关键方面将会在接下来的论述中得到详细探讨。

（一）科学选择虚拟创作工具

借助虚拟现实技术，艺术创作突破了物理空间的限制，呈现出无比的生动和鲜活。艺术家可以选择虚拟工具，如虚拟雕塑、绘画等，以全新的方式进行艺术创作。这样的创作模式，无须实际的画布或物质，只需要在虚拟的空间内挥洒才情。虚拟现实提供的雕塑、绘画工具，不仅是科学的，也是富有创新性的。艺术家可以在无形的空间中创建有形的艺术，体验前所未有的创作自由度。对于视觉艺术家来说，虚拟现实提供了一个全新的视角观察和理解自己的作品。他们可以在虚拟空间内从任何角度审视自己的作品，以达到最理想的视觉效果。比如，一个雕塑家可以通过VR技术在虚拟空间中创建三维雕塑，完全不受物理规则的限制，可以任意修改雕塑的形状和大小，或者立即撤销不满

意的部分。这一点，是在真实世界中无法实现的。同时，他们可以随时将自己的作品分享给全世界的观众，让更多人欣赏他们的创作。在绘画方面，艺术家可以使用虚拟现实技术进行绘画创作，形成一种全新的艺术形式。这种形式的绘画可以在空间上展开，形成立体的艺术作品。这种新颖的创作形式，无疑给艺术家带来了更多的创作灵感和可能性。

（二）有效开展虚拟艺术教育

在虚拟现实技术的帮助下，教育者能够提供一种全新的、立体的艺术学习体验。在这个逼真的虚拟环境中，学生可以近距离接触艺术创作，如模拟制陶、绘画等。而这些在传统的教室环境中往往难以实现。比如，制陶是一个艺术与科技的完美结合。在虚拟环境中，学生可以自由地尝试各种设计，观察泥土在手中的变化，并将它塑造成各种形状和大小的瓷器。他们可以瞬间修改设计，立即看到结果，不必担心犯错误或浪费材料。在此过程中，学生能够积累丰富的实践经验，理解制陶的复杂性和艺术性。还有一点不可否认，即绘画教学也可以得益于虚拟现实技术。在虚拟环境中，学生可以从任何角度，使用任何颜色和笔触创作自己的艺术作品。他们可以在无形的空间中创作有形的艺术，完全不受物理空间的限制。他们可以自由地试验各种创新的绘画技术，无须担心犯错误或浪费材料。这不仅可以提升学生的艺术技能，还可以培养他们的创新思维和解决问题的能力。

（三）全面深化艺术作品展示

对于艺术家来说，虚拟现实技术为艺术作品的展示带来了新的可能。不再局限于现实中的物理空间和地理位置，艺术家可以在虚拟环境中建立个人的画廊，将自己的艺术作品呈现给全世界的观众。比如，画家可以在虚拟的画廊中展示自己的画作，雕塑家可以用VR技术展示雕塑的全方位形态。在虚拟画廊中，艺术家可以自由地设计空间，不受物理规则的束缚，可以以任何形式和布局展示作品。观者也可以在任何时间、任何地点进入虚拟画廊欣赏艺术作品。他们可以无限制地接近作品，从各种角度观察细节，甚至进入作品内部，感受艺术家的创作意图。这种全新的观赏体验无疑会吸引更多人来欣赏和理解艺术。对于雕塑家来说，虚拟现实技术更是开辟了全新的展示方式。在真实世界中，观者可能需要绕着雕塑走动，才能欣赏作品的各个方面。而在虚拟现实中，雕塑的全方位形态可以被轻松展示。观者可以从任何角度、任何距离观看雕塑，甚至可以"走入"雕塑内部，感受雕塑的内在结构和空间感。

（四）建设艺术实验室

艺术实验室是艺术创新和探索的重要场所，而虚拟现实技术的应用则使这一过程更加丰富多样。艺术家可以借助虚拟现实技术建立个人的艺术实验室，进一步探索和尝试各种新颖、独特的艺术表达方式。虚拟艺术实验室突破了现实中的物理限制，提供了无限的创作空间。在这个虚拟的环境中，艺术家可以自由发挥，不受材料、空间、时间等现实因素的限制。艺术家可以随心所欲地尝试各种艺术创作方式，研究和实验各种艺术效果，而不必担心失败或浪费。比如，画家可以在虚拟实验室中测试各种颜色组合、画笔效果，雕塑家可以探索不同的形状和材料，甚至可以尝试一些在现实中难以实现的雕塑设计。音乐家也可以在虚拟实验室中试听各种乐器组合和音效，创造出独特的音乐风格。值得一提的是，虚拟艺术实验室中的作品不仅可以供艺术家自己欣赏和研究，也可以随时与全世界的观众分享，并收集他们的反馈和建议。这使艺术家能够更快速地实现创作和反馈的循环，促进艺术作品的完善和创新。

（五）全面开展艺术合作

虚拟现实技术打破了空间和时间的限制，为艺术家提供了全新的合作方式。艺术家可以在虚拟空间中进行艺术合作，不论身在何处，都可以共同创作一件艺术作品。在虚拟空间中，艺术家可以同时参与作品的创作，看到其他艺术家的创作过程，即时交流创作想法。这种互动式的合作模式使艺术创作更加活跃，激发了艺术家的创新灵感。比如，画家可以在同一幅虚拟画布上共同绘画，雕塑家可以在同一个虚拟雕塑上共同塑造，音乐家可以在同一个虚拟音乐会上共同演奏。他们可以互相学习、互相借鉴，甚至可以在创作中进行创新的尝试和挑战。这种艺术合作不仅可以提升艺术家的技艺，也可以推动艺术的发展和创新。

另外，虚拟现实技术还使跨领域的艺术合作成为可能。艺术家可以跨越艺术门类进行多元化的合作。比如，视觉艺术家和音乐艺术家可以一起创作一部多媒体艺术作品，舞蹈艺术家和视觉艺术家可以共同设计一部舞蹈视觉剧。这种跨领域的艺术合作无疑可以创造出更加丰富多样的艺术作品。

四、在历史事件模拟中的应用

历史事件的模拟是虚拟现实（VR）技术在文化遗产领域的又一重要应用。通过历史场景的精确重建，VR 技术为人们打开了通向过去的时光之门，让人们有机会以全新的方式体验历史。此外，角色扮演和互动体验的引入进一步提升了用户的参与感，让历史学习变得生动有趣。历史解说功能帮助用户理解历史事件的背景和影响，而模拟历史选择则让人们有机会重新思考历史。这些也正是接下来将要探讨的主要内容。

（一）历史场景重建

历史场景重建是虚拟现实技术的重要应用之一。这项应用通过再现过去的事件和环境，使人们有机会在虚拟的环境中身临其境般地体验历史。借助虚拟现实技术的强大表现力，可以复原各个历史时期的城市风貌、人物生活、战争场面等各种场景。比如，可以重建古罗马的城市风貌，让人们感受古罗马的壮丽和辉煌；可以重建中世纪的城堡生活，让人们体验中世纪的粗犷和生动；也可以重建二战的战争场面，让人们理解战争的残酷和悲惨。在历史场景重建中，虚拟现实技术的互动性也发挥了重要作用。用户可以在虚拟的历史场景中自由行动，观察和探索各种细节，甚至可以与虚拟的历史人物进行交互。这种互动式的体验，使人们可以更深入地理解和感受历史。对于历史教育来说，历史场景重建具有重要意义。虚拟现实技术的应用使历史教育从传统的课堂讲述转变为生动的历史体验。学生可以通过直接体验历史，增强对历史的理解和记忆，并激起对历史的兴趣和热情。

（二）开展角色扮演

角色扮演在历史事件模拟的应用中扮演着重要角色，它赋予用户一定的历史体验，使他们可以更深入且具体地理解历史。通过角色扮演，用户可以走进历史人物,从他们的视角体验历史事件。这不仅包括看到他们所看到的场景,听到他们所听到的声音,甚至能感受到他们的情绪变化。比如,在古罗马帝国的虚拟环境中,用户可以扮演一位罗马公民,感受古罗马的公共浴场、竞技场、公共市场等生活环境,理解他们的生活方式、思维方式以及他们与社会、历史的联系。

在这种身临其境的体验中,用户不仅能获得丰富的知识,还能深入理解历史人物的情感和动机,理解他们所处的社会环境和历史背景。这种深入的理解,使历史不再是冷冰冰的事实和日期,而是活生生的人和他们的故事。这种虚拟现实中的角色扮演,对于教育来说有重要的价值。教育者可以设计各种角色扮演活动,让学生在扮演历史人物的过程中学习历史。这种学习方式不仅可以提高学生的学习兴趣和学习效率,还可以提高他们的情绪智商和社会智商,帮助他们建立对人性和社会的深刻理解。对于历史研究者来说,角色扮演提供了新的研究方法。通过在虚拟现实中扮演历史人物,研究者可以更深入地理解历史人物的心理状态和社会环境,从而获得更真实且细致的历史数据。

(三)提供历史解说

在历史事件模拟中,提供历史解说是一个非常重要的应用。借助虚拟现实(VR)技术,用户可以直观地感知和理解历史事件的发生,而解说信息则是关键的引导,它以一种简洁而明了的方式介绍历史事件的背景、发生过程以及产生的影响。历史事件的背景信息是理解历史事件的基础,它包括事件发生的时间、地点、涉及的主要人物以及事件发生的社会、政治、经济等背景。通过虚拟现实技术,这些信息可以以更生动、更直观的方式展现出来,如同置身于历史现场一般,让用户有更深的历史体验感,而事件的发生过程就像一部历史电影,带领用户见证历史的发展。在虚拟现实中,用户可以通过亲身体验历史事件的过程,如同亲眼看到历史事件发生一般,深入体验历史的魅力。同时,解说信息会在关键时刻给予提示,让用户能够深入了解事件的来龙去脉,理解事件的起因、经过和结果。至于历史事件的影响,它是连接过去和现在的纽带,帮助用户理解历史事件如何影响现在的世界以及可能对未来产生的影响。通过解说信息,用户可以更加清晰地理解历史事件在政治、社会、文化等方面产生的深远影响,从而更深刻地理解历史的重要性。虚拟现实技术的引入,不仅可以让用户以前所未有的方式体验历史,还可以使用户获得更全面、更深入的历史知识。这种方式既可以应用于教育领域,也可以应用于旅游、游戏等领域,为用户提供了更丰富、更有趣的历史学习和体验方式。

(四)增强互动体验

VR技术为用户提供了一个全新的历史学习和体验平台,使历史不再是单纯的知识学习,而是一种身临其境的体验。在虚拟的历史事件中,设置各种互动环节,比如,让用户在虚拟的战场上指挥军队,或者在虚拟的历史市场上购物,都能大大增强用户的参与感和体验感。比如,在虚拟的历史战场上,用户不再是旁观者,而是成了决策者,指挥军队进行战斗。可以考虑战术、策略,甚至可以体验到军队士气、环境等因素对战局的影响。这种体验能让用户更深入地理解历史战争背后的复杂性和战略性,增加了对历史的理解深度。又或者在虚拟的历史市场上,用户可以尝试交易,购买当时的商品,与虚拟的人物进行互动。这种互动不仅仅是娱乐,更是对当时社会经济状况的直观感知,如商品的价格和种类、市场的繁荣程度等,这些都能让用户更深入地理解那个时代的生活状况和社会情况。除了这些,还可以设置更多的互动环节,比如,让用户参与历史事件的决策,或者在虚拟环境中体验历史人物的生活,甚至参与历史建筑的建造过程。这些互动环节都能让用户更深入地体验和理解历史。这种深度互动的学习方式,使历史学习变得更生动、更有趣,不仅能吸引更多人参与到历史学习中,也能提高学生的学习效果。所以,无论是在教育领域,还是在游戏、旅游等领域,增强互动体验的历史事件模拟都有着广泛的应用前景。

(五)强化模拟历史选择

模拟历史选择是虚拟现实(VR)在历史事件模拟中的另一个重要应用。通过VR技术,历史事件不再是简单的时间轴或故事,而是变成了一种具有多样性和复杂性的体验。在模拟的历史事件中,用户需要面对历史的选择,理解历史的复杂性和多样性,同时可以思考自己在同样的情况下会做出怎样的选择。比如,在模拟一次具有争议性的历史事件时,每个决策都会影响事件的走向，甚至可能改变历史的进程。在这样的环境中，用户不再是被动地接收历史信息，而是需要积极思考，做出自己的决定。在这个过程中，用户会发现历史并非黑白分明，而是充满了灰色地带。这种复杂性和多样性正是历史的魅力所在。还有一点不可否认，即模拟历史选择让用户有机会反思自己。这种反思过程，不仅可以增进自己对历史的理解，也可以帮助用户更好地认识自己。

第三节　人机交互设计在文化遗产艺术再现中的应用

在现代科技文化遗产艺术再现的背景下，人机交互设计的应用路径显得至关重要。首要环节是数据采集与分析，该环节致力于深入理解用户行为和反馈，旨在优化用户体验；其次是虚拟环境设计，其任务是以创新的方式构建引人入胜的数字世界，使文化艺术再现于用户前；再次，导览系统的开发作为艺术再现的实现手段，对用户交互的便利性和丰富性起决定性作用；复次，为了进一步增强用户的感知和体验，个性化体验的设计也被纳入应用路径，让用户能够享受更符合自己需求的服务；最后，用户反馈的收集和分析使艺术再现系统能够不断完善，以适应用户的变化需求。以上五个环节构成了人机交互设计在文化遗产艺术再现中的完整应用路径，共同助力文化艺术的数字化传播和体验，下面针对每个环节的具体实践操作加以明确论述。

一、数据采集与分析

在文化遗产艺术再现中，人机交互技术的基础环节是数据采集与分析。这一过程不仅包括设备部署、数据记录与存储，也包括数据处理、数据分析和信息反馈。它旨在通过对用户行为和反馈的深入理解优化用户体验，将文化艺术的世界以更具吸引力的方式展现给用户，从而在保护和传承文化遗产的同时，使其活力得到进一步发挥。

（一）设备部署

为了实现精确的数据采集，采用了各类先进的设备。这些设备从不同角度和维度捕捉用户在互动过程中产生的数据。摄像头负责记录用户的面部表情，捕捉微妙的情绪变化，通过面部表情识别技术，可以对用户的心情和反应进行实时分析。而传感器则被广泛应用于跟踪用户的身体动作，比如，通过手部运动捕捉设备，可以精确地捕捉用户的手势，并在虚拟环境中进行精确的复制。这种无缝的用户行为捕捉，极大地增强了虚拟环境的沉浸感。当然，不同设备会捕捉到不同类型的数据，为了保证数据的完整性和准确性，对设备的选择和部署也需要极其细致和精准。设备的部署位置、角度以及数量都会直接影响数据采集的效果。比如，摄像头的位置和角度应能完整清晰地捕捉用户的面部表情，而传感器的部署则需要覆盖用户所有可能的动作范围。语音数据的采集，主要通过麦克风进行。语音数据不仅可以用于识别用户的指令，还可以通过声音的音调、音量等特征，了解用户的情绪和态度，并且通过自然语言处理技术，对用户的语言内容进行深度理解，从而了解用户的真实需求和意图。

还有一点需要注意，所有采集到的数据都需要进行深度分析，从中提炼出有用的信息。可以利用机器学习和人工智能技术，对大量的数据进行高效处理和分析，识别用户的行为模式，理解用户的需求和习惯。而这些数据的分析结果将为优化虚拟环境的设计、提高用户体验、精确推送内容等提供重要依据。这样一来，人们不仅可以了解用户在虚拟环境中的行为和体验，也可以进一步优化虚拟环境，使其更符合用户的期待和需求。

（二）数据记录与存储

获得的众多数据在记录与存储的过程中起着关键作用，而这需要适当的数据库和存储系统以确保其安全性、完整性和易用性。数据的完整性是不可忽视的因素，而这正是数据库设计的重要目标之一。对于从各种设备采集到的数据，确保其在存储过程中不会发生丢失或损坏是很有必要的。在这种情况下，可以使用高性能的数据库管理系统，它们具有出色的数据处理能力和出色的错误恢复机制，可以在数据存储过程中保证数据的完整性。

采集到的数据需要得到合适的保护，因此有必要实现对数据的安全存储。这包括设置有效的安全防护措施，防止数据被非法访问或篡改。要想实现数据的安全存储可以采用多种技术，比如，数据加密、访问控制、防火墙等，这些技术都能增强数据的安全性。特别是对于那些涉及用户隐私的敏感数据，更应加强其安全保护措施，避免任何可能的数据泄露风险。数据的易用性也是必须关注的一点。在设计数据库和存储系统时，不仅要关注数据的安全性和完整性，也要考虑数据的可访问性和可操作性。这意味着，数据的存储和管理方式，需要尽可能地方便数据的检索、更新和分析。这样才能真正提高数据的价值，为人机交互设计提供有效的支持。遵循相关的隐私法规是在处理用户数据时应坚持的原则。对于涉及用户隐私的数据，需要确保其得到合适的处理，并且不会被滥用。因此，相关的法律知识是必不可少的，这样才能确保所有的数据处理行为都合法合规。对于违反隐私法规的行为，需要进行严厉的惩罚，以维护用户的隐私权益。

（三）数据处理

数据处理环节是将收集到的原始数据进行整理、清洗和预处理的关键阶段。这个过程是必不可少的，因为在现实中收集的原始数据通常存在各种各样的问题，如数据缺失、数据错误、数据冗余等。通过数据处理，可以消除这些问题，从而保证后续分析的准确性。

具体的数据处理步骤可能包括数据清洗、数据标准化、数据转换等。数据清洗的目标是去除数据中的噪声和异常值，这可能涉及缺失值的填充、重复数据的删除、异常值的修正等。对于涉及用户行为的数据，可能还需要进行事件标记、行为分类等预处理步骤。事件标记的目的是将用户的行为与特定的事件关联起来，而行为分类则是将用户的行为按照一定规则划分成不同的类别。数据标准化的目的是将数据转换为一种标准形式，以消除数据之间的规模差异对后续分析的影响。如果数据中包含不同的度量单位，那么就需要进行数据标准化，将所有的数据都转换为统一的度量单位，并且数据标准化还可以帮助消除数据分布的偏斜，使数据更符合后续分析的假设。数据处理还可能包括数据转换的步骤，其目的是将数据由一种形式转换为另一种形式，以便后续的分析。数据转换可能涉及离散数据的连续化、连续数据的离散化、非结构化数据的结构化等。比如，对于文本数据，可能需要通过自然语言处理技术将其转换为结构化的形式。

第五章 虚拟现实：沉浸式的文化遗产艺术再现

（四）数据分析

数据分析阶段，是基于经过预处理的数据进行深入研究，以揭示数据背后隐藏的信息、规律和模式。这一阶段中运用的技术多种多样，涵盖统计分析、机器学习、数据挖掘等范畴。统计分析是一个基础的数据分析方法，其主要目标是通过描述性统计、推断性统计等手段，揭示数据的基本特征和规律。比如，通过平均值、中位数、众数等描述性统计量，可以了解数据的集中趋势；通过方差、标准差等描述性统计量可以了解数据的离散程度；通过相关系数、卡方检验等推断性统计方法，可以了解数据之间的关系。机器学习是一个更高级的数据分析方法，其主要目标是通过训练模型，从数据中自动总结规律。比如，通过分类算法，可以从用户行为数据中发现用户的行为模式；通过聚类算法，可以从用户行为数据中发现用户的行为分组；通过回归算法，可以预测用户的行为趋势。数据挖掘则是在大数据背景下出现的数据分析方法，其主要目标是从大量、复杂、异构的数据中挖掘出有用的信息和知识。数据挖掘的方法多种多样，包括关联规则挖掘、序列模式挖掘、群集分析等。无论是统计分析、机器学习，还是数据挖掘，都可以帮助人们从用户行为数据中发现规律、趋势和模式，从而更好地理解用户的需求和行为，进而设计出更好的人机交互系统。在文化遗产艺术再现的应用中，这些数据分析方法不仅可以帮助了解用户的体验，还可以帮助优化人机交互设计，提升用户的体验。

（五）信息反馈

信息反馈是数据分析阶段至关重要的一环，直接关联到用户体验的优化和提升。数据分析的结果可以用于指导虚拟环境的设计、导览内容的调整、个性化服务的提升等各个环节，使这些环节的设计和实施能够符合用户的需求和习惯。比如，通过用户行为的分析，可能会发现某些部分的虚拟环境设计不够直观或者易用，那么就可以根据分析结果调整虚拟环境的设计，让用户在虚拟环境中的操作更加流畅，提升用户体验。又如，通过用户行为的分析，可能会发现用户对某些导览内容的关注度较高，那么就可以根据分析结果调整导览内容，将用户关注的内容放在更显眼或者更容易操作的位置。同时，信息反馈涉及数据采集与分析策略的调整和改进，工作人员可以根据数据分析的结果了解哪些数据对于用户体验的优化更有用，哪些数据对于用户体验的优化作用较小。这样，就可以调整数据采集的策略，优先采集那些对用户体验优化更有用的数据，减少无效的数据采集，提高数据采集效率。在这里，也可以调整数据分析的策略，优化数据分析的方法，提高数据分析的准确性和有效性。

二、虚拟环境设计

以虚拟环境设计为核心的文化遗产艺术再现，借助人机交互技术的高效应用，打破了传统的界限，进一步提升了艺术欣赏的深度和广度。这个过程追求的不仅是视觉的震撼，更是全面、立体的文化体验，为用户带来更丰富、更直观的感知，具体操作有五个步骤。

（一）需求分析

虚拟环境设计的首要步骤是需求分析。需求分析是深入理解和明确文化遗产艺术再现的需求，这些需求可以大致被划分为用户需求、技术需求和内容需求。

在用户需求分析过程中，应了解并理解目标用户群体的特性、期望和限制。这些特性可能包括年龄、性别、教育程度、文化背景、技术熟悉程度等，它们都可能影响用户对虚拟环境的使用和接受程度。同时，应关注用户的期望和限制，如用户希望通过虚拟环境获得什么样的体验，或者用户在使用虚拟环境时可能面临什么样的困难和挑战。技术需求分析关注可用的技术和工具。这包括当前可用的硬件设备、软件工具、网络条件等。硬件设备包括VR设备、计算设备、输入设备等，软件工具包括虚拟环境构建工具、3D建模工具、编程语言等，网络条件会对虚拟环境的加载速度、实时性等产生影响。内容需求分析则关注希望展现的艺术和文化内容。这包括文化遗产的类别、特性、历史背景、艺术价值等，它们都可能影响虚拟环境的设计和表现。比如，对于一座古代建筑的虚拟再现，可能需要关注建筑的风格、布局、装饰等，对于一个历史事件的虚拟再现，可能需要关注事件的发生时间、地点、人物、过程等。在进行需求分析时，应积极与用户、技术人员、内容专家进行沟通和协调，确保需求分析的准确性和完整性。通过有效的需求分析，可以为虚拟环境设计提供明确的指导和依据，有助于提高虚拟环境设计的质量和效果。

（二）概念设计

概念设计阶段紧随需求分析之后，这是在深入了解用户需求、技术需求和内容需求的基础上，设计师启动的一个创新阶段。在此阶段，设计师通常会有很多设计思路和构想，包括界面布局、交互方式以及功能设计等。界面布局的设计是概念设计阶段的关键要素之一，设计师需要根据用户需求和内容需求进行思考，要考虑如何使虚拟环境更加直观、用户友好、如何将文化遗产的艺术元素巧妙地融入界面布局以及如何通过布局增强用户的沉浸感和体验感。

在交互方式上，设计师也会进行大量的思考和设计。设计师需要研究和理解用户如何与虚拟环境进行交互，这包括用户如何操作虚拟环境、如何在虚拟环境中导航以及如何获取和处理信息等。设计师也会考虑如何利用现有的技术和工具，如 VR 设备、手势识别、语音识别等，创造更自然、更直观、更有效的交互方式。功能设计也是概念设计阶段的重要部分，设计师需要根据用户需求和内容需求设计出有用、有趣、符合目标的功能。这可能包括虚拟旅游、角色扮演、信息查询、游戏互动等多种功能，设计师需要考虑如何将这些功能融入虚拟环境、如何使功能与虚拟环境的其他部分协同工作、如何使功能更加吸引人和有趣。在概念设计阶段，设计师还会构建整体的设计框架，这包括虚拟环境的结构、流程、模块等。设计框架是指导设计和实现的基础，设计师需要确保设计框架是清晰、完整、灵活且可扩展的。

（三）详细设计

详细设计阶段是从全局到局部的过渡，也是从抽象到具体的转变。在这个阶段，设计师将细化概念设计阶段形成的设计框架，制作出具体的设计元素，如界面元素、动画效果、声音设计等，通过细化设计，让虚拟环境具有更高的可用性和用户友好性。界面元素的设计是详细设计阶段的重要部分，设计师需要详细规划和设计虚拟环境中的各种界面元素，如按钮、图标、文本、图片等。界面元素的设计需要遵循一致性、直观性和美观性原则，同时，设计师需要考虑如何将文化遗产的艺术元素融入界面元素设计。动画效果的设计也是详细设计阶段的关键部分，设计师需要设计出流畅、自然、吸引人的动画效果，以增强用户的沉浸感和体验感。动画效果的设计需要考虑动画的速度、节奏、序列等因素。设计师也需要考虑如何利用动画效果展现和传递文化遗产的艺术魅力。声音设计是详细设计阶段的另一个重要部分，设计师需要设计出清晰、自然、有情感的声音，以增强虚拟环境的真实感和沉浸感。声音设计可能包括背景音乐、音效、人声等，另外，设计师还需要考虑如何将声音与虚拟环境的视觉元素和动画效果协同工作，如何利用声音增强用户的感知和体验。在详细设计阶段，设计师将利用专业的设计工具，如 Photoshop、Adobe Creative Cloud、Sketch 等，制作出具体的设计原型。设计原型可以清晰地展示虚拟环境的样貌和功能，可以用于用户测试、开发指导等。

（四）设计评估

设计评估是虚拟环境设计流程的重要阶段，它的主要目的是验证设计是否满足用户需求、是否具有良好的用户体验以及是否准确传达了文化遗产艺术的信息。这一环节涉及用户测试、专家评审等评估方式，而评估结果将作为宝贵的反馈被设计师采纳，指导他们对设计进行改进和优化。

用户测试主要通过观察目标用户群体使用设计原型的情况，获取他们的直接反馈和体验感受。设计师可以通过观察用户的行为、听取用户的反馈以及分析用户的使用数据，了解设计是否符合用户的期待、是否易于使用以及是否带给用户满意的体验。用户测试还可以帮助设计师发现设计中的问题和不足，如功能的缺失、界面的混乱、交互的不自然等，从而指导他们不断进行修改和完善。专家评审则是让拥有专业知识和经验的专家对设计进行评估。专家可以从可用性、易用性、审美性、技术可行性等多个维度，评价设计的优点和缺点。专家评审可以为设计师提供深入的见解和建议，帮助他们提高设计的专业性和完整性。专家评审也可以帮助设计师了解设计在实现和发布时可能面临的挑战和困难，从而提前做好准备和应对。设计评估的结果不仅能指导设计师对设计进行改进，也能帮助他们学习和成长，提升他们的设计能力和水平。同时，设计评估是贯穿于虚拟环境设计全过程的活动，它可以在设计的每一个阶段开展，确保设计始终在正确的方向前进，最终实现高质量的文化遗产艺术再现。

（五）设计实施

设计实施阶段是将设计思想和方案真正转化为具体虚拟环境的过程。设计师在此环节需要同开发团队紧密合作，将经过评估和改进后的设计原型具象化为能够运行的虚拟环境。这个环节也是设计与技术实现的结合点，往往会面临许多实际问题，而这些问题可能需要设计师进行灵活的调整和优化。开发团队的角色在这个环节中尤为重要，他们负责将设计原型根据技术框架和工具转化为实际的虚拟环境。他们需要理解设计的意图，精确地实现设计中的各个元素和功能。在这个过程中，开发团队可能会遇到技术问题或者挑战，如性能问题、兼容性问题、实现难度过大等，这些问题需要设计师与开发团队共同讨论和解决。

虽然设计师在设计阶段会尽可能考虑全面，但在实施过程中，难免会发现一些设计问题，比如，某个设计元素在真实环境中的效果与预期不符，或者某个功能在实际使用中出现了用户体验问题。面对这些问题，设计师需要根据实际情况进行灵活的调整和优化，以保证虚拟环境的最终效果。这个环节的成功不仅取决于设计的质量，也取决于设计与开发的良好配合，以及设计师对实际问题的灵活处理能力。只有这样，才能确保设计能够成功转化为高质量的虚拟环境，真正实现文化遗产艺术的精彩再现。

三、导览系统开发

在文化遗产艺术再现的人机交互设计中，导览系统开发是关键环节。从确定导览需求开始，明确用户对导览系统的具体期望和需求，并且以需求为依据，设计导览路径，开发导览内容，充分考虑用户的理解和体验需求，将这些内容整合，开发出易用且稳定的导览系统，以此确保系统能够满足用户的需求，提供良好的使用体验，下面针对这一开发流程进行系统性的论述。

（一）确定导览需求

在导览系统的开发之初，明确导览需求至关重要。在导览系统的构建过程中，需求确定将塑造整个导览的形态和功能，满足哪些需求，就决定了导览系统将如何去服务用户。首先，目标明确是开发导览系统的基础。导览的目标应该根据文化遗产艺术再现的主题和目的设定。可能的目标包括传递特定的文化信息、增强用户对文化遗产的理解和认识，或者创造一个令人难忘的艺术体验。目标的设定为导览系统的设计和开发提供了明确的方向。其次，内容和路径的确定是关键。导览的内容应以文化遗产艺术为主题，融合多元化的知识，包括历史、艺术、社会等方面的信息。路径设计需要考虑整体的布局和用户的导览习惯，力求在逻辑清晰的同时，增强导览的趣味性和吸引力。期望达到的效果是导览系统开发的另一个重要需求。设计者需要预想用户使用系统后可能获得的体验和收获，如知识的获取、视觉的享受、情感的共鸣等。此外，更重要的是需考虑目标用户。设计者需深入理解目标用户的特性、兴趣、期望以及使用环境，以便设计出符合他们需求和能力的导览体验。比如，为了满足不同年龄、文化背景、知识层次的用户，可能需要开发包含多语言、可调节难易程度、有声与无声等多样化功能的导览系统。

（二）设计导览路径

设计导览路径是为用户提供完整、流畅的文化遗产艺术体验的关键步骤。这个过程要结合需求分析的结果，明智地安排展示内容、顺序以及引导用户的方式。具体而言，先要选择展示哪些文化遗产需要综合考虑其艺术价值、历史意义和用户兴趣等因素。需要策略性地挑选能够体现文化遗产特色，又符合导览目标的艺术作品。这些作品的选择会直接影响用户的导览体验，因此需要慎重考虑。在确定展示顺序时涉及用户在导览过程中的体验流程设计。考虑到用户的注意力分布，开头和结尾的展品应该尽可能有代表性和吸引力。同时，展示顺序应符合某种内在逻辑，如按照历史顺序、艺术流派或者主题进行排列，以帮助用户更好地理解和记忆。如何引导用户从一处文化遗产移动到另一处文化遗产是导览路径设计中的重要环节。可以运用技术手段，如增强现实（AR）技术、虚拟现实（VR）技术，设置导览箭头，播放语音指引等方式，引导用户在虚拟环境中自由移动。至于每个展示点的停留时间，则要根据展品的内容和复杂度而定。某些复杂或者信息量大的文化遗产，可能需要更长的时间欣赏和理解。设计者需要在保证用户体验和信息接收效率之间寻找平衡，让用户可以在充足的时间内充分欣赏和理解每一处文化遗产。

（三）开发导览内容

导览内容的开发是对文化遗产艺术再现的直接表达，这是个全方位、多维度的创作过程，涵盖了文字、图像、视频和音频等多种媒体资源。在编写文化遗产的介绍信息时，需要深入研究，确保所提供的信息既准确又全面。这包括文化遗产的历史背景、艺术特色、作者信息、创作背景等，这些信息的精准性会直接影响用户对文化遗产的理解和欣赏。同时，要注意介绍信息的语言表达，要让其易于理解，避免使用过于复杂或专业的术语。制作相关的图像和视频也是开发导览内容的重要部分。这些视觉元素应该是高质量且具有高清晰度的，以尽可能地展示出文化遗产的细节和特色。可以运用现代的数字化技术，如 3D 扫描和建模，将文化遗产精细、立体地呈现出来。对于视频内容，可以采用电影化的手法，如运动的镜头、特写镜头等，增加观看的趣味性和沉浸感。录制语音导览是提高导览体验的有效手段。可以选择专业的配音员，用饱满、流畅的语言，带领用户了解文化遗产。同时，可以采用背景音乐、环境声音等元素，增强用户的听觉体验，让他们仿佛身临其境。在制作内容时，设计者需要始终关注用户的需求和兴趣。比如，可以结合故事性的元素，如历史事件、人物传记等，激发用户的兴趣；也可以运用互动设计，如问答、游戏等，提高用户的参与度。开发导览内容是一个综合性的创作过程，设计者需要深入研究文化遗产，熟悉用户需求，熟练运用多媒体制作技术，以创造出既专业又引人入胜的导览体验。

（四）开发导览系统

导览系统的开发是一个将内容与技术相结合的过程，旨在构建一个稳定、易用且具有高度交互性的虚拟环境。系统的易用性和稳定性是基础条件。开发者应确保系统的流畅运行，防止因系统错误或卡顿影响用户的导览体验。此外，易用性涵盖了一系列设计原则，如直观的界面设计，让用户能快速理解如何操作和使用导览系统，避免在导览过程中产生困惑。虚拟环境的特性为交互体验提供了广阔的可能性。设计者可以根据文化遗产的特点，创建适应的虚拟环境，如重现历史建筑的内部场景、模拟古代人们的生活情境等。在这些虚拟环境中，用户可以自由探索，像在实际场景中一样欣赏文化遗产。为了提供丰富的交互体验，设计者可以引入各种交互方式。比如，可以设置虚拟角色为用户提供信息，或通过用户的动作、语音等输入方式，与虚拟环境进行互动；也可以设计一些游戏元素，让用户在完成挑战或任务的同时，了解文化遗产的相关知识。

另外，需要高度重视的一点是，开发导览系统是一个多学科的任务，涉及人机交互设计、计算机编程、3D建模等方面的技术。同时，需要对文化遗产有深入的理解，才能在虚拟环境中准确地呈现其精髓。因此，设计者、开发者、文化遗产专家等专业人士需要紧密合作，共同创建出富有教育意义、引人入胜的虚拟导览系统。

（五）测试与优化

导览系统的开发并未在构建完成时告终，之后的测试与优化阶段同样重要。这一阶段的目标是确保系统能在各种情况下稳定运行，并提供优质的用户体验。功能测试是基础，目标在于确保导览系统的各个组成部分都能正常运行。检查每个按钮是否可以响应点击，页面之间是否可以顺畅跳转，声音、图像、视频等多媒体资源是否可以正确加载和播放，等等。任何功能性错误或故障都可能削弱用户体验，甚至让用户对系统产生负面印象。因此，功能测试必须尽可能全面且细致。用户体验测试则更关注系统能否满足用户需求，能否提供愉快的导览体验。一种常用的方法是邀请目标用户群体的代表进行体验，然后收集他们的反馈。测试者可以通过观察用户操作系统的行为，了解他们在使用过程中遇到的问题和困扰，也可以通过访谈或问卷的方式了解用户的感受和建议。测试结果将为系统的优化提供依据。然后由设计者根据反馈结果对导览路径进行调整，如改变某些文化遗产的展示顺序或增减停留时间，可能需要修改或补充导览内容，以更好地满足用户的兴趣和期待，也可能需要对系统本身进行改进，如优化界面设计、增加新的交互方式等。优化是一个迭代的过程，可能需要反复进行测试和调整。正是这一过程，让设计者可以不断深入理解用户需求，逐步提升系统的质量，最终实现在文化遗产艺术再现中提供优质且个性化的虚拟导览体验。

四、个性化体验

在文化遗产艺术再现的人机交互设计中，个性化体验的构建对于提升用户满意度和加深用户参与度具有重要作用。实现这一目标需要对用户画像进行深入理解，并依据画像为用户提供个性化的内容推荐，而且需要精心设计个性化的导览路径和互动体验，以激发用户的兴趣，提高他们的参与度。

（一）用户画像构建

用户画像构建是实现个性化体验的首要步骤，是对用户群体特征的抽象和模拟。通过了解和梳理用户的各种特征，将复杂的用户群体进行分类和细化，为后续的个性化体验打下了基础。

采集用户基本信息是构建用户画像的初始环节。这类信息一般包括年龄、性别、教育程度、职业等，根据这些信息可以更好地掌握用户的基本属性。例如，年轻用户可能更喜欢动态和有趣的体验，而老年用户可能更喜欢稳定和简洁的体验。除了基本信息，兴趣爱好也是构建用户画像的重要维度。艺术与文化爱好、喜欢的历史时期、偏好的艺术风格等信息，可以帮助设计者理解用户的个性化需求。例如，喜欢现代艺术的用户可能对抽象的文化遗产有更多的兴趣，喜欢古代历史的用户可能更喜欢古代文物。认知习惯也是构建用户画像时不可忽视的部分。用户如何接收和理解信息、如何与系统进行交互，都与其认知习惯有关。例如，一些用户可能更习惯于文字信息，而另一些用户可能更喜欢图像或视频。收集了这些信息后，就可以利用数据分析工具进行整合和分析。将各类信息相互关联，挖掘出用户的深层次需求和特性。例如，通过数据分析，可能发现年轻、喜欢现代艺术的用户群体往往更喜欢使用视频导览。构建用户画像，是了解用户、更好地服务用户的基础。在文化遗产艺术再现的虚拟环境中，这将有助于提供个性化且符合用户特性的体验。

（二）个性化内容推荐

在文化遗产艺术再现的虚拟环境中，个性化内容推荐是提升用户体验的重要方式。通过用户画像的建立，推荐系统可以深度理解每一位用户的特点，以此为依据，为他们推送与其偏好相关联的艺术作品或文化遗产。推荐系统会依据用户的兴趣爱好，为他们推荐可能感兴趣的艺术作品或文化遗产。如果用户偏好现代艺术，系统就会倾向于推荐具有现代艺术特色的文化遗产；如果用户对某一历史时期特别感兴趣，系统就会为其推荐更多那一时期的文化遗产。不仅如此，系统还会记录用户在虚拟环境中的行为数据，如他们关注、欣赏、评论的艺术作品或文化遗产，这些信息会被进一步用于优化推荐结果，使推荐更加精准且个性化。

另外，个性化推荐不仅仅在于推荐哪些内容，更在于如何推荐。这就涉及根据用户的认知习惯，选择适合他们的解释方式。比如，对于喜欢通过阅读文字获取信息的用户，系统可以推荐详细的文字介绍；对于喜欢通过观看视频了解信息的用户，系统可以提供精彩的视频解读。通过合适的解释方式，可以增加用户的理解度，提高他们的体验满意度。个性化内容推荐，在某种程度上打破了传统的"一刀切"方式，使每一位用户都能在文化遗产艺术再现的虚拟环境中，找到最符合自己兴趣、最吸引自己的艺术作品或文化遗产。这不仅提升了用户的使用体验，也为文化遗产的传承和推广提供了新的途径。

（三）个性化导览路径设计

个性化导览路径设计是人机交互设计在文化遗产艺术再现中的重要应用之一。它会根据用户需求的变化设计导览路径，使用户能够根据自己的时间和兴趣点进行选择，以获得满足其个性化需求的体验。

在个性化导览路径设计中，关键的一点是根据用户的需求变化进行动态调整。通过分析用户的兴趣、时间限制和实际情况等因素，系统可以根据不同的用户需求，提供多个导览路径供用户选择。这些导览路径可以根据用户的偏好和时间安排进行排序和调整，以确保用户能够按照自己的兴趣和时间安排进行参观。比如，在一个文化遗产艺术再现的应用中，用户可以选择参观某个历史博物馆。系统可以根据用户的需求和时间限制提供不同的导览路径选择。如果用户对历史人物感兴趣，系统可以提供一条导览路径，重点介绍与历史人物相关的展品和信息。如果用户对艺术品更感兴趣，系统可以提供另一条导览路径，重点介绍与艺术品相关的展品和信息。用户可以根据自己的兴趣和时间安排选择适合自己的导览路径，以获得更加个性化的体验。除此之外，个性化导览路径设计还可以利用用户反馈和数据分析进行优化。通过收集用户在参观过程中的反馈和偏好信息，系统可以不断改进导览路径的设计，提供更加符合用户需求的体验。同时，通过对用户数据进行分析，系统可以了解用户的行为模式和偏好，从而为他们提供更加精准的导览路径推荐。

（四）个性化互动设计

个性化互动设计在人机交互设计中的应用非常重要，特别是在文化遗产艺术再现领域。该设计旨在提供符合用户个性化需求的互动体验。为实现这一目标，设计者可以根据用户的操作习惯调整界面布局，并为用户提供多种交互方式供其选择。此外，通过持续优化互动设计，结合用户反馈和行为数据，可以进一步提升用户体验。个性化互动设计的第一个要点是根据用户的操作习惯调整界面布局。通过收集用户的操作数据和偏好信息，设计者可以了解用户在使用过程中的喜好和习惯。然后，根据这些信息对界面布局进行调整。比如，常用的功能可以放置在易于访问的位置，以提高用户的操作效率和舒适度。这种个性化的界面布局使用户更加熟悉和舒适，以提高他们的参与度和满意度。

个性化互动设计可以提供多种交互方式供用户选择。不同用户有不同的交互偏好和习惯，所以设计可以为用户提供多样化的交互方式，以满足其需求，如系统可以支持触摸屏、语音识别、手势控制等多种交互方式，并根据用户的选择进行相应的切换和适配。这种个性化的交互方式设计提高了用户的参与感和自主性，使他们能够更自然、更便捷地与文化遗产艺术互动。与此同时，个性化互动设计通过持续优化，结合用户反馈和行为数据，进一步提升了用户的体验感。设计可以收集用户的反馈和行为数据，了解他们的需求和偏好，并相应地调整和改进互动设计。通过分析用户的点击、浏览和互动行为，了解用户对不同功能和内容的偏好，以便更好地满足他们的需求。

（五）构建实时反馈系统

在人机交互设计中，构建实时反馈系统是文化遗产艺术再现中实现个性化体验的重要环节之一。通过这一系统，用户可以在体验过程中即时反馈自己的感受和建议，从而使服务提供者能够快速响应用户需求，并持续提升个性化体验的质量。实时反馈系统的构建旨在建立一个有效的沟通渠道，使用户能够在体验过程中表达他们的意见和反馈。该系统可以提供各种方式供用户选择，如通过移动应用程序、网站或物理设备等形式进行反馈。用户可以即时分享自己的感受、建议和意见，包括对展示内容、交互设计、界面布局、互动方式等方面的反馈。这种实时反馈机制使用户成为体验的参与者和贡献者，他们的意见和建议对于提升个性化体验的质量具有重要作用。在此之后则要通过实时反馈系统，服务提供者能够及时获取用户的反馈信息，并快速响应用户需求。他们可以收集、整理和分析用户的反馈数据，以了解用户的偏好和需求，并根据这些信息进行相应的改进和优化。

还有一点不容忽视，即实时反馈系统可以促进用户与服务提供者之间的互动和交流。服务提供者可以回复用户的反馈，提供解答、建议或解决方案，以增强用户的参与感和满意度。这种互动和交流可以建立起信任与合作的关系，使用户觉得自己的声音得到了重视和关注。同时，服务提供者可以通过实时反馈系统向用户提供即时的更新和通知，例如，有关展览时间、特别活动或其他相关信息的更新。这种及时沟通和互动有助于增强用户与文化遗产艺术再现的联结和共鸣。

五、用户反馈收集

在文化遗产艺术再现的人机交互设计中，用户反馈收集是产品优化和服务提升的重要环节。通过建立多元化的反馈渠道，结合行为分析工具实时追踪用户行为，同时激励用户积极反馈，然后对这些反馈进行深入分析，最后对分析结果做出及时有效的回应，这一系列环节相互关联，共同构成了用户反馈收集的完整过程，这无疑为提升用户体验和优化人机交互设计提供了科学依据。

（一）建立反馈渠道

在人机交互设计的文化遗产艺术再现应用中，收集用户反馈是至关重要的环节，这有助于进一步优化设计，从而提升用户体验。在此过程中，为用户提

第五章　虚拟现实：沉浸式的文化遗产艺术再现

供多元化的反馈渠道是必不可少的环节，因为这样可以让用户便利地分享自己的体验和建议。构建反馈渠道的关键在于要考虑各类用户的便利性，这就要求有多种反馈方式供用户选择。应用内部的反馈功能是常见的反馈渠道，这种方式直观且易于操作，用户在使用过程中遇到任何问题或有任何建议，都可以立即通过这个渠道进行反馈。不仅如此，应用内部的反馈功能还可以让设计师和开发者即时接收到用户的反馈，从而能快速做出响应。

社交平台是另一个重要的反馈渠道，它可以借助其大量的用户基础和强大的互动性，广泛收集用户的意见和建议。比如，可以创建官方微博或微信公众号，定期发布相关信息，并及时回应用户的评论和私信。用户服务邮箱是更专业的反馈渠道，可以收集用户的详细反馈信息，尤其是那些需要详细描述或者涉及技术问题的反馈。通过电子邮件，用户可以更详细且深入地阐述自己的问题和建议，这对于改进设计具有极高的价值。

（二）集成行为分析工具

在人机交互设计的文化遗产艺术再现应用中，一种创新的反馈收集方式就是集成行为分析工具。行为分析工具主要通过捕捉并分析用户在虚拟环境中的行为数据，如浏览时间、点击率、停留页面等，对用户的使用习惯和需求有更深入的理解。浏览时间可以反映用户在某一艺术作品或文化遗产展示页面上的兴趣程度，浏览时间越长，说明用户对这个作品或遗产的兴趣越大。点击率是衡量用户对界面元素的关注度和参与度的重要指标，高点击率说明用户对该元素有强烈的兴趣或需求。停留页面的数据能够帮助发现用户在虚拟环境中最感兴趣的部分，这部分通常是设计的亮点或用户的需求点，应该在后续的优化中予以重点考虑。

行为分析工具的使用不仅能在用户体验过程中提供实时反馈，还能以数据的形式展现用户的行为模式和使用习惯，这比传统的反馈方式更直观，也更有针对性。基于这些数据，设计师和开发者能更准确地识别出问题所在，然后通过优化设计更好地满足用户需求。在人机交互设计的文化遗产艺术再现应用中，集成行为分析工具是收集用户反馈的重要手段，其不仅可以为用户提供更好的使用体验，也可以帮助设计师和开发者更好地理解用户，从而实现个性化的服务和产品。

(三)激励反馈

在人机交互设计的文化遗产艺术再现应用中,激励反馈机制也被广泛应用,这项机制鼓励用户分享自己的体验和建议。比如,为了鼓励用户对应用中的文化遗产艺术展示或导览体验提出宝贵的见解和建议,可以提供各种奖励机制激励他们。奖励机制的形式多样,包括但不限于积分奖励、优惠券等,这些奖励机制不仅能提高用户的积极性,还能增强用户的参与感和归属感。

以积分奖励为例。用户每一次反馈所获得的积分可以积累起来,用于兑换应用内的特权、商品等,从而激发用户的积极性。优惠券的提供可以让用户在购买相关产品或服务时获得一定的优惠,这不仅能让用户感受到实实在在的好处,还能增强用户对应用的黏性。不可否认的是,让用户感到他们的反馈被重视并得到了应有的回报,可以建立起用户与应用之间的积极互动,从而进一步提升用户体验。激励反馈机制也有助于增强用户的参与度,让他们成为改进和完善应用的重要参与者,从而让他们在享受艺术和文化的同时,参与到应用的改进中,获得成就感和满足感。因此,激励反馈是收集用户反馈的一种有效手段,不仅能让用户有更好的使用体验,也有助于改进应用,使其更符合用户的需求和期待。

(四)反馈分析

在人机交互设计的文化遗产艺术再现应用中,用户反馈收集的后续步骤是对反馈进行深入的分析,这需要专人进行处理,他们会悉心归纳总结用户的需求和问题,以便为产品优化提供可靠依据。反馈分析是关键环节,涵盖从量化数据到定性用户体验的各个方面,而这一过程的中心思想就是理解用户的需求,发现存在的问题,并找出最佳的解决方案。在现代科技背景下,数据分析工具在反馈分析中发挥着重要作用。可以利用大数据技术,对用户的行为、偏好和反馈进行深入研究。通过大数据技术,能快速对大量数据进行处理,并从中获取有价值的信息。这样既节省了大量人工分析的时间和成本,也使分析结果更具精确性和针对性。而且,用户反馈的价值不仅仅在于改进现有产品,还可以为新产品的设计提供有益的启示,让产品的设计更贴近用户需求,提供更优秀的用户体验。

（五）反馈回应

针对文化遗产艺术再现的人机交互设计应用路径而言，对用户反馈的回应至关重要。回应的过程旨在让用户感受到他们的意见和问题得到了尊重和重视。这样，不仅能提升用户的满意度和忠诚度，还有助于建立更好的用户关系，进一步提升产品的口碑。

回应用户反馈的方式有多种。其中常见的一种方式是通过自动回复系统。这种系统可以针对用户提出的常见问题进行预设，当用户提出相应问题时，系统会自动给出解答。这种方式可以在短时间内解决大量常见问题，提高效率。但自动回复系统无法解决所有问题。对于一些特定问题，需要专业的客服人员进行处理。这时，人工服务的灵活性和个性化就显得尤为重要。客服人员能够根据具体情况，为用户提供有针对性的解答和帮助。虽然这种方式效率相对较低，但能更好地满足用户的需求，提高用户的满意度。

在这里，还有一点需要特别注意，即无论使用哪种方式回应用户反馈，都需要及时进行。及时回应不仅能快速解决用户的问题，还能让用户感受到被尊重和重视。在整个过程中，关键的目标就是提供优质的服务，让用户感受到他们的声音被重视，这样才能赢得用户的信任，提高他们的满意度。

第六章 展示：综览中国文化遗产重塑与再现的成果

第六章　展示：综览中国文化遗产重塑与再现的成果

在数字化技术的推动下，中国文化遗产的重塑与再现进入了一个全新的时代。山东大汶口文化遗址、敦煌文化遗产、北京市宣西法源寺文化遗址、北京故宫博物院的文化遗产、江西通天岩石窟造像以及甘肃黄河文物等都在此浪潮中焕发出前所未有的生机。借助数字化技术，传统文化遗产得以以崭新的方式展现在公众面前，它们的历史内涵、艺术价值以及文化精神得到了更加深入而全面的解读。这些成功的实践，标志着文化遗产保护与利用正处于一个创新、发展和繁荣的历史阶段。

第一节　山东大汶口文化遗址数字化重塑

数字化技术的运用在博物馆领域打开了一扇全新的窗户，尤其是对于大汶口文化遗址这样的历史文化遗迹，其价值和意义不言而喻。此技术有效地打破了传统博物馆的空间和时间限制，使大汶口文化遗址得以跨越千年的历史长河，以其原貌呈现在全球观众面前。更重要的是，它使这些静静躺在博物馆里的历史文物获得了全新的生命，以互动、动态的形式重新被世人理解和欣赏。不仅如此，数字化也大大丰富了展示藏品的层次和深度，为观众提供了更丰富、更生动的体验。它让观众得以打破物理的限制，从各种视角和尺度欣赏和理解文物，使文物的故事和内涵得以淋漓尽致地表现出来。

一、打破传统博物馆限制

山东大汶口文化遗址通过数字化的形式，成功打破了传统博物馆的时间、空间和展示条件限制，使公众无论何时何地都可以通过网络访问这些珍贵的文物，从而实现无围墙的博物馆概念。这也预示着博物馆的未来可能会越来越多元化和无界限化，从而为公众提供更便利且丰富的观展体验。

（一）推动博物馆业发展

山东大汶口文化遗址的数字化重塑正是博物馆业迈向新时代的里程碑。这个革新的实践精确地打破了传统博物馆的空间、时间和展示条件的局限性，是为数不多的全方位立体展示文化遗址的范例。这一壮举不仅揭示了博物馆业未来的发展趋势,更在传统博物馆的概念中注入了新的活力和元素,为博物馆未来的发展路径指明了方向。在山东大汶口文化遗址的数字化重塑中,观众可以在任何时间、任何地点通过数字设备获得历史遗迹的信息,体验原址的历史风貌,使历史文化得以延续和传承。博物馆不再是一个静止的空间,而是成了一个充满生命力的虚拟世界,人们可以在其中自由地探索和学习。在这个过程中,传统的博物馆展示方法被重新定义,新的博物馆展示形式被创造出来,这无疑为博物馆业的发展提供了新的想象空间和可能性。

山东大汶口文化遗址的数字化重塑作为一个范例,无疑会为其他博物馆提供有益的参考和借鉴。这个项目的成功实践证明,通过数字化技术,博物馆可以摆脱物理空间的限制,提供更加丰富和多元的展示形式,让更多人参与到文化遗产的保护和传承中。在此过程中,博物馆不仅是保护和传承文化遗产的场所,更是推动社会进步和文化创新的重要力量。这一切都得益于山东大汶口文化遗址的数字化重塑。这个项目以其独特的创新性,为博物馆业的发展描绘了一幅宏大的画卷,自此,博物馆业将迎来更广阔的发展空间,成为文化遗产保护和传播的重要力量。

(二)提高公众参与度

山东大汶口文化遗址的数字化重塑开辟了全新的交互路径,拉近了公众与博物馆的距离,使人们可以随时随地通过网络接触这些丰富的文化遗产,为传统的文化遗产保护方式添加了新的维度。借助互联网的力量,无论是在家中、学校还是在办公室,只要有网络,人们就可以访问这些文物资料,欣赏和学习其中蕴含的深厚历史文化,让人们不再受限于地理位置和开放时间。山东大汶口文化遗址的数字化展示成为公众探索和学习的新窗口,大大提高了公众的参与度,使博物馆的社会影响力得到了前所未有的提升。更值得一提的是,这种数字化形式不仅能让观众欣赏珍贵的文物,还能让他们深度参与到文化遗产的保护和研究工作中,了解文物背后的历史故事和文化价值,这也是传统博物馆展示方式难以做到的。

借助数字化技术,山东大汶口文化遗址的展示方式变得更加灵活和生动,以图像、声音、动画等多媒体形式呈现出来,这种立体、动态的展示方式,无疑更能吸引公众的兴趣,激发他们的学习热情,从而进一步提高博物馆的公众参与度。通过数字化展示,山东大汶口文化遗址成功将丰富的文化内涵和历史信息传达给了全世界的人们,使更多人有机会了解和接触中国的历史文化,进一步提升了国际影响力。可见,山东大汶口文化遗址的数字化重塑不仅打破了传统博物馆的限制,更在提高公众参与度和博物馆社会影响力方面起到了积极的推动作用。

(三)优化观展体验

打破时间和空间限制,山东大汶口文化遗址的数字化形态成为让人们领略历史文化魅力的全新平台。不同于传统博物馆的参观模式,该模式不需要观众前往现场,也没有固定的开放时间,人们可以在任何地点、任何时间,根据自己的节奏和兴趣进行观展,体验有别于传统的全新观展方式。这种新型展示方式不仅提供了大规模的互动体验,使观众有机会一览无余地欣赏每一件文物,更通过多角度、全方位地展示,揭示了文物背后的历史故事和文化含义,使观众可以更全面、更深入地了解文化遗产。有了数字化技术的支持,无论是壁画、石刻,还是陶器、青铜器,都能通过高清图像、详细注解、3D建模等形式,让观众更加深入地了解每一处细节、感受文物的艺术魅力和历史价值。相比于传统的博物馆,这种数字化的展示形式更加灵活和生动,使观展体验更加丰富。例如,有些珍贵的文物,因为其脆弱的物理性质或者重要的历史地位,可能在传统的博物馆中无法对外展出,但是在数字化的博物馆中,就可以通过高精度扫描、3D建模等技术,将这些文物完整地展示出来,让人们在保护文物的前提下,得以近距离欣赏这些珍贵的历史遗产。

(四)推动文化遗产保护

实施文化遗产数字化展示,无疑为山东大汶口文化遗址的保护工作提供了新的可能性和动力。在传统的博物馆展示方式中,文物往往需要接受公众的直接观察,这无疑会给文化遗产带来许多风险,如过度触摸、环境因素等都可能导致文物的损伤。但通过数字化展示就可以有效避免这些问题,确保文物原貌的长久保存。更具有前瞻性的是，文化遗产的数字化并不仅仅是对实物的复制或转换，更是为文物创建一个安全、可控的虚拟环境。这种环境能够模拟各种物理条件，从而确保文物在最优的状态下展示出来，而无须担心环境因素对其产生的潜在影响。

另外，文化遗产的数字化也为人们提供了一种全新的保护方式，可以对每一件文物进行高精度的扫描和记录，实时监控其状况，并在发现任何可能出现的问题时及时采取保护措施，这对于一些珍贵而易损的文物来说，无疑是一种理想的保护方式。在传统的博物馆展示方式中，由于文物数量有限，参观者对文物的了解和欣赏往往会受到限制。而数字化展示则打破了这一限制，让每个人都可以在任何时间、任何地点欣赏这些文物，这无疑增加了文物的传播范围，也使更多人有机会了解和欣赏这些珍贵的文化遗产。

二、丰富展示的藏品

在数字化博物馆中，大汶口文化的各类文物都有所展示，如陶器、瓷器、青铜器、玉石器等，都可以在网络平台上找到。这种丰富且全面的展示形式不仅使大汶口文化得到了更广泛的展示和传播，也使公众有机会一睹这些平时难以见到的珍贵文物。

（一）多种文物的全面展示

山东大汶口文化遗址的数字化展示，赋予了文物全新的展示空间。数字化博物馆无须考虑实际空间的限制，无论是来自哪个年代，无论是什么种类的文物，都能在这里找到合适的展示空间。大汶口文化的石器、陶器、骨器，无论大小，都可以在数字化的展览中清晰呈现，再现古人的生活风貌。

数字化的展示方式，还让藏品的每一处细节都能展示出来，让人们可以从各个角度欣赏文物，让人们更直观地了解文物的形状、纹饰、颜色等特性，进而深入理解大汶口文化的风貌。可以说，大汶口文化得到了更全面且深入的展示，人们对大汶口文化有了更全面的了解。这种全面的展示，加深了公众对文化遗产的认识和理解，让更多人认识到大汶口文化的魅力和价值。山东大汶口文化遗址的数字化展示，不仅给人们带来了丰富多彩的视觉体验，更让人们从

第六章 展示：综览中国文化遗产重塑与再现的成果

中体会到文化的厚重和魅力，从而对中国古代文化有了更深的认识和理解。

（二）珍贵文物的普及展示

在山东大汶口文化遗址的数字化展示中，通过传统展示方式难以展出的珍贵文物得以以全新的形式出现在人们的视野中。这是因为数字化技术能够克服许多传统博物馆中难以解决的问题，比如，对文物保存的特殊要求、展览空间的限制等。这样一来，那些以往只能在博物馆仓库深处静静躺着的珍贵文物，如今都能通过网络在全世界的屏幕上尽情展现自己的光彩。

通过这种方式，山东大汶口文化的珍贵文物得到了广泛的展示，让更多人有机会一睹它们的风采。无论是居家老人，还是在校学生，甚至是身处异国他乡的中国人，都可以通过网络欣赏这些文物的美，了解它们背后所蕴含的历史和文化。这种普及对于提高公众的文化素养和历史认知有着重要作用。通过观赏文物，公众可以对山东大汶口文化有更深入的了解，进一步理解其历史背景，从而提高自己的历史知识水平。同时，这种方式使公众能够在欣赏文物美的同时，了解保护文化遗产的重要性，从而提高公众的文化遗产保护意识。

三、提高文物利用效率

在传统博物馆中，无论是展示空间的限制，还是文物保存条件的约束，都会对文物的展示效率产生一定影响。比如，一件大型的石刻，可能因为其巨大的体积，难以在传统的博物馆中展出。又如，一些极为珍贵而又极其脆弱的文物，因为需要特殊的环境条件保存，所以也很难对外展示。但在数字化博物馆中，这些问题都得到了解决。无论是体积大小，还是保存条件，都无法限制文物在网络上的展示。这样一来，那些原本无法展出的文物，都可以通过数字化技术，变成可供公众欣赏的展品。这无疑大大提高了文物的利用效率，让每一件文物都能充分发挥其价值。这种提高效率的做法，对于文物的保护和传播具有重要意义。其意义具体表现在以下两个方面：一是数字化技术可以减少对实物文物的依赖，从而降低文物受损的可能性；二是通过将文物数字化展示，可以让文物的影响力和价值得到最大化的提升。人们只需要在网络上点击鼠标，就可以浏览大量的文物，从而更加深入地了解和欣赏文化遗产。这种方式，无疑为文物的传播提供了一种全新的可能性。

四、推动文化交流

遥远的大汶口因为数字化再现变得触手可及。大汶口文化的丰富展示，让更多人有机会欣赏这一重要的文化遗产，无论是历史学者，还是对文化历史感兴趣的公众，都能从中获得深刻的启示和感悟。这种方式无疑推动了文化的交流。在今天这个全球化的时代，网络无疑是文化交流的重要载体。通过数字化的方式，大汶口文化遗址的珍贵文物和文化内涵可以跨越地域和语言限制，让全世界的人们都有机会了解和欣赏这些珍贵文物。从中，他们不仅可以感受大汶口文化的独特魅力，还可以了解中国乃至东亚地区的文化历史。这种交流，是一种深入的学习和理解，也是一种文化的碰撞和交融，并且大汶口文化的丰富展示有助于提高公众的历史文化素养。通过对大汶口文化的深入了解，人们可以对那段历史有更深入的理解，对文化有更深刻的认识。这对于提高公众的文化素质、推动文化发展具有重要意义。

五、实现文物活化

数字化博物馆中的文物不再是静态的展示，而是通过3D展示和专业讲解实现了文物的活化。每一件文物都在讲述着自己的故事，使参观者在欣赏文物的同时，了解文物的历史价值和文化意义，从而提升文物的教育价值和社会影响力。

（一）文物的生动展示

借助最新的3D技术，山东大汶口文化遗址的数字化展示形象生动，使千年前的遗址和文物似乎就在眼前，令人仿佛置身于历史现场。这种现象的出现，可以说是技术与文化的完美结合，不仅可以使文物展示更加立体和生动，也可以激发公众的浓厚兴趣，引发他们对历史的探讨和研究。

通过屏幕，人们可以近距离地观察这些文物的每一个细节，甚至可以在一定程度上进行互动，比如，旋转文物查看其各个角度，或者通过虚拟现实技术进行虚拟参观。这种方式无疑使文物的展示更加生动有趣，也使公众能够从更多角度、更深层次地理解和认识文物。与此同时，专业讲解的引入也为文物的理解和认识提供了极大的帮助。通过讲解，公众可以了解文物的历史背景、制作工艺、艺术特点等信息，从而对文物有更全面的认识。这种方式的运用，无疑进一步增强了数字化展示的吸引力，也使文物的教育功能得到了最大限度的发挥。

（二）增强教育效果

数字化博物馆将山东大汶口文化遗址的每一件文物都带到了公众的视线中，更令人称奇的是，每一件文物都配有深入浅出的专业讲解，使观众能在欣赏美的同时，领略历史的深远。这是一种全新的博物馆体验，观众可以在一次次的点击与浏览过程中，深入了解文物背后的故事，感受文化的魅力。

过去，许多文物的故事和文化价值都可能因为展示方式的限制而无法充分传达给公众，现在，数字化博物馆为每一件文物配备了专业的讲解，让观众在轻松的观赏中，深入了解文物的历史背景和文化内涵。这不仅丰富了观众的知识库，也让他们在享受艺术的过程中，增加了历史和文化的积累。更重要的是，数字化博物馆的讲解方式更加生动有趣，比起传统的文字讲解，更能吸引人们的注意力，从而更加深入人心。可以说，这种方式有效地增强了观展的教育效果，使博物馆的功能不再仅仅是收藏和展示，而是成了一节生动的历史课堂，为公众提供了丰富的历史和文化知识。

（三）提升文物价值

在山东大汶口文化遗址数字化博物馆中，每一件文物都经过精心的数字化处理，仿佛穿越时空，以全新的姿态出现在观众眼前。这种转变，使这些古老的文物焕发出了新的生命力，使其艺术价值得到了进一步提升。

艺术的魅力在于感染，而数字化博物馆的出现，就像打开了一扇全新的窗户，让更多人能够接触这些富有艺术价值的文物，也使这些文物的艺术价值得到了更广泛的认可和传播。这是对大汶口文化遗址的一种生动诠释，也是对其艺术价值的一种充分肯定。而且数字化博物馆还将专业的讲解融入展示中，让观众在欣赏的同时，深入了解文物背后的历史故事和文化内涵，这无疑大大提升了文物的教育价值。通过这种方式，每一件文物都不再只是一件艺术品，而更像是一本生动的历史课本，为公众提供了丰富的历史知识和文化启示。这样一来，大汶口文化遗址的数字化博物馆成功吸引了大量的关注，无论是国内的公众还是国外的公众，都能通过网络欣赏这些文物，了解大汶口的历史文化，从而提升文物的社会影响力。

（四）促进文化传播

山东大汶口文化遗址数字化博物馆的出现，开创了一种全新的文化传播方式。借助现代科技手段，这些沉睡在岁月深处的文物仿佛被赋予了生命，以全新的姿态展现在人们眼前。这种独特的"活化"展示方式，使文物的传播变得更加生动有趣、更具吸引力。

每一件文物，无论是它的造型、纹饰，还是它所承载的历史记忆和文化内涵，都仿佛变成了一种语言，一种情感的触动，让人们更加直观地感受文化的魅力，更深入地理解和欣赏文化的价值。在数字化博物馆的引导下，人们可以跨越时间和空间限制，随时随地感知和体验大汶口文化的魅力，感受历史和文化的韵味，从而更有效地传播文化，推动文化的发展。这种全新的文化传播方式，大大增强了人们对本土文化的认识和自信，也提升了文化的影响力和吸引力，为国家和民族文化软实力的提升做出了重要贡献。

六、技术探索与发展

在数字化博物馆的建设过程中，也积累了丰富的技术经验。从三维扫描和高清还原技术的应用，到虚拟现实和实景还原技术的探索，都展示了博物馆在数字化转型过程中的技术探索和创新能力。这些技术的发展和应用，无疑将进一步推动博物馆的数字化转型，并为未来的文物保护和展示提供更多的可能。

（一）新技术的应用

以山东大汶口文化遗址数字化博物馆为例，其成功运用了前沿的技术手段，如三维扫描、高清还原等，打破了传统博物馆的展示方式，为文物的数字化展示开启了新的篇章。三维扫描技术准确捕捉了文物的每一处细节，让观众能够如同身临其境般欣赏文物的真实状态。而高清还原技术使文物的色彩、质地等都得到了真实再现，将文物的艺术魅力完全展现出来。这些技术还能实现对珍贵文物的复制和保存，让那些因各种原因无法亲眼看见的观众，能够在数字化博物馆中欣赏这些文物的风采。借助这些技术，山东大汶口文化遗址的每一件文物都得以被精准捕捉和充分展示，让观众能够从更多的角度和更深的层次了解、欣赏大汶口文化。而且这些技术的运用还大大提高了博物馆的服务水平和观众的参观体验。观众可以随时随地通过电子设备欣赏精美的文物，甚至可以通过虚拟现实技术，身临其境地体验文化遗址的魅力。

（二）技术积累的重要性

山东大汶口文化遗址数字化博物馆在建设过程中便进行了技术积累，三维扫描、高清还原、虚拟现实以及实景还原等技术的累积不仅在当前的数字化展示中大放异彩，为观众呈现了一幅幅生动而真实的大汶口文化画卷，更在无形中为未来的博物馆建设铺垫了道路，为之提供了坚实的技术支撑。

三维扫描与高清还原技术赋予了文物新的生命力，使其颜色、质感、细节在屏幕上一一呈现，让千里之外的观众能够近距离感受大汶口文化的魅力。这样的技术，不仅增强了文物的艺术性，更把它们从物理空间的束缚中解放了出来，使它们大放异彩。而虚拟现实与实景还原技术则进一步扩大了文物的影响力。虚拟现实技术给观众带来了仿佛置身现场的体验，让他们能够近距离观察、深入探究每一件文物。实景还原技术让文化遗址的环境、背景、历史等得以重现，使文物在原本的历史背景下得以再现。

（三）技术探索的前瞻性

山东大汶口文化遗址数字化博物馆的建设，不仅在现有技术的应用上取得了不错的成果，还在积极探索虚拟现实、实景还原等尖端技术的过程中，显示了强烈的前瞻性和创新精神。正是这种永不停步的探索和尝试，使这座博物馆在技术层面始终领跑在前，保持着在未来发展中的竞争优势。

在这场追求技术进步的赛跑中，山东大汶口文化遗址数字化博物馆显然占据了有利位置。虚拟现实技术为观众提供了一种沉浸式的体验，使他们能够更加直观、全面地感受大汶口文化的魅力。这种科技的引入，使博物馆的观展体

文化遗产的数字化重塑与艺术再现

验达到了一个全新的高度，改变了传统的参观模式，提升了观众对文化遗址的认识和理解。实景还原技术则将文物置于其原始的历史背景中，让观众能够在最真实的环境中感受大汶口文化的独特气息。这种前瞻性的技术应用，使每一件文物都仿佛在讲述着自己的故事，赋予了文物更加丰富的内涵。相信在不远的将来，山东大汶口文化遗址数字化博物馆的技术探索和应用，将为全球的博物馆建设提供新的可能，帮助人类更好地认识和珍视自己的文化遗产。

（四）技术发展对未来的影响

在科技发展日新月异的今天，山东大汶口文化遗址数字化博物馆的成功构建，犹如科技之光照亮了文化遗产保护与传承的新道路。其背后的一系列技术创新和探索正在逐步转变人们对博物馆的认知。其中，最引人注目的便是虚拟现实技术的应用。这项技术的发展，如同为传统博物馆插上了一对翅膀，赋予了它超越空间和时间的能力，开启了一种全新的观展模式。想象一下，未来的观众无须离开舒适的家，就能通过虚拟现实设备"走进"博物馆，感受大汶口文化这一古老文明的魅力。这一改变无疑将大大丰富人们的观展体验，使更多人有机会接触大汶口文化。同时，为博物馆的发展带来了更多机会。观众的参与度和满意度的提高，将促使更多的文化遗产被保护和传承，丰富了人类文化的多样性。而且虚拟现实技术的发展，还可能催生出更多的可能性。例如，未来的数字化博物馆可以通过虚拟现实技术，将观众带入历史事件的现场，让他们以第一人称的视角，直观感受历史的发生，进一步强化其历史文化学习的效果。

第二节 敦煌文化遗产数字化保护

文化遗产的数字化保护工作无疑是科技发展与文化传承的美好交汇。在这方面，敦煌文化遗产数字化保护工作的成就尤为突出。其成功实践了数字化存储与共享的机制，将文化遗产以数字形式进行深入、系统的保存，使敦煌的珍贵文化遗产能够被长期安全地保存下来，同时方便全球各地的研究者和普通大

第六章 展示：综览中国文化遗产重塑与再现的成果

众获取。另外，数字化技术的应用也极大地提升了旅游体验，使游客在实地参观的同时，能够更深入地了解文化遗产的历史、艺术和科学价值。这无疑为敦煌文化遗产的传播和普及注入了新的活力。

一、数字化存储与共享的成功实践

敦煌文化遗产数字化保护的首要成果便是实现了遗产的高精度数字化存储和共享。借助先进的数字技术，敦煌研究院与多个国际研究机构成功开展了"数字化敦煌壁画合作研究"项目，采集、加工和存储了大量文化遗产信息。同时，通过"国际敦煌项目"，全球范围内的文化文物机构得以共享这些珍贵的资源，使全球范围内的研究者和公众能够通过新的渠道和平台共享敦煌的文化遗产。

（一）高精度的数字化存储

敦煌文化遗产数字化保护工作在实施过程中，取得了令人瞩目的成功实践。这一实践的第一步是实现对遗产的高精度数字化存储。为此，敦煌研究院与多个国际研究机构共同开展了名为"数字化敦煌壁画合作研究"的重要项目。通过借助先进的数字化技术，研究人员对敦煌的壁画进行了精细的采集、处理和存储，为文化遗产的长期保存和研究打下了重要的基础。该项目的核心任务之一是使用高精度的数字化技术对敦煌壁画进行采集。研究人员运用最新的摄影设备和图像处理软件，将壁画的每个细节都以精确的方式捕捉下来。通过仔细调整和校准，他们成功保留了壁画的原始颜色和纹理，使数字化版本能够真实再现敦煌壁画的艺术魅力。这种高精度的数字化存储为今后的研究和保护工作奠定了坚实的基础。

与此同时，研究人员进行了对数字化数据的深入处理和优化。通过应用先进的图像处理算法和技术，他们对采集到的图像进行了去噪、增强和校正，以确保数字化版本的质量和准确性。通过这一系列的处理步骤，数字化的壁画数据才得以更好地呈现出来，为后续的研究和展示提供了高质量的素材。数字化存储不仅仅是为了保存文化遗产，更是为了实现信息的共享与传播。因此，该项目还着重关注了数字化数据共享机制的建立。研究人员制定了严格的数据管理和共享政策，以确保数字化的壁画数据能够被广泛地利用和访问。通过建立开放的数据平台和在线资源库，他们使研究者、学生和艺术爱好者能够自由地获取和使用这些宝贵的文化遗产数据，大大推动了敦煌文化的传承与发展。

（二）全球范围内的共享

为了实现敦煌文化遗产的全球共享，敦煌研究院积极推行了国际敦煌项目。这个项目的规模十分庞大，涵盖了来自22个不同文化机构的众多资源。这些资源包括手稿、绘画、纺织品、工艺品等各种形式的文化遗产，其中，图像信息的数量超过53万个。通过这一项目的实施，敦煌研究院为全球的研究者和公众提供了宝贵的研究和互动交流机会。

在国际敦煌项目中，敦煌研究院与其他文化机构紧密合作，共同致力于数字化存储和共享敦煌文化遗产。通过采用先进的数字技术，他们成功将敦煌的珍贵资源转化为数字图像，并建立了庞大的数据库。这个数据库中的信息丰富多样，涵盖了敦煌文化的方方面面，包括壁画、手抄经卷、佛教经典、艺术品等。这些数字化的资源不仅保存了文化遗产的原貌，更为全球研究者提供了宝贵的研究素材。同时，通过建立全球共享的平台，敦煌研究院确保了数字化遗产的广泛可及性。研究者和学者可以通过这个平台免费获取和使用敦煌文化遗产的数字化资源。无论他们身在世界何处，只要有网络连接，就能进行深度研究，并与全球的同行进行交流和合作。这种全球范围内的共享机制极大地推动了敦煌文化的传播与发展。

二、数字化技术的创新应用

敦煌研究院在数字化存储与共享方面，积极采用先进的数字化技术，实现了对文化遗产的创新存储和共享方式。这些技术的应用包括高精度和高清晰度的采集、加工和存储以及通过互联网实时浏览的方式，让公众能够更方便地接触敦煌文化遗产。

其间，敦煌研究院利用高精度的数字化技术对文化遗产进行了精细的采集。他们运用先进的摄影设备和图像处理软件，对敦煌的艺术作品进行了精确记录。通过精心校准和调整，他们成功保留了原作的细节和色彩，实现了对敦煌文化遗产的准确再现。同时，研究人员采用了高清晰度的图像处理技术，对采集到的图像进行了加工和优化。他们运用先进的算法和技术，对图像进行了去噪、增强和校正，使数字化的作品更加清晰和真实。通过这样的处理，公众可以更好地欣赏敦煌艺术的细腻之处，深入了解其中的艺术风格和技法。值得一提的是，敦煌研究院还通过互联网实现了实时浏览的方式，将数字化的文化遗产呈现给公众。他们建立了在线平台和数字化资源库，为全球的用户提供了便捷的访问途径。无论身处何地，人们都可以通过网络连接，随时随地浏览和学习敦煌文化遗产。这种创新的应用方式大大方便了公众的接触和学习，推动了敦煌文化的传播。

三、旅游体验的数字化升级

数字化技术的运用实现了敦煌旅游路线的数字化升级。在莫高窟数字展示中心，游客可以通过数字体验与洞窟游览相结合的方式，深度体验敦煌的丰富文化。这种创新的参观模式不仅使游客得到了更丰富的文化体验，还大大减少了人为因素对洞窟环境的影响，实现了文化遗产保护与旅游体验的双赢。

（一）创新旅游模式

敦煌借助数字化技术成功升级了旅游模式，为游客提供了全新的体验。在莫高窟数字展示中心，游客可以通过"数字体验＋洞窟游览"的方式，深度感受敦煌的文化遗产。这种创新模式不仅提供了互动性的体验，也让游客在旅游的过程中更加深入地了解和感受敦煌的历史文化。通过数字化技术，莫高窟数字展示中心为游客提供了身临其境的虚拟体验。游客可以穿戴设备，通过虚拟现实技术进入洞窟的数字化重建空间。他们可以自由探索洞窟中的壁画和文物，近距离欣赏细节，感受艺术的魅力。虚拟现实技术的运用使游客仿佛置身于真实的洞窟中，加深了他们对敦煌文化的沉浸式体验。

除了虚拟体验，数字化技术还为游客提供了很多其他的互动机会。在展示中心，游客可以通过触摸屏、互动展示和多媒体解说，深入了解敦煌的历史、艺术和文化内涵。他们可以观看精彩的视听节目，参与互动游戏和学习活动，丰富了旅游的体验过程。这种创新的旅游模式让游客参与其中，成为文化的亲历者和探索者。数字化升级的旅游模式不仅提升了游客的体验,也为敦煌的文化遗产保护和传承做出了积极贡献。通过数字化展示,敦煌的宝藏得到了更广泛的宣传和推广。这种创新的旅游模式为敦煌的文化遗产注入了新的活力,使之与时俱进,更好地适应现代旅游的需求。

(二)优化参观环境

敦煌的数字化升级不仅提升了游客的体验,也减少了人为因素对洞窟环境的影响。通过数字展示中心,游客在实体洞窟中的参观时间得以缩短,从而保护了洞窟的微环境,实现了旅游体验与文化遗产保护的平衡。传统上,敦煌的洞窟壁画面临着日益增加的游客数量带来的压力。过多的游客参观导致了洞窟内部的通风、湿度等微环境的不稳定,可能会对壁画造成潜在的损害。为了解决这一问题,敦煌研究院通过数字化升级,引入了数字展示中心,为游客提供了全新的参观方式。

在数字展示中心,游客可以通过虚拟现实和互动技术深入了解敦煌的文化遗产,无须进入实体洞窟。这种方式不仅可以减少进入洞窟的游客人数,以减轻洞窟的压力,还可以保护洞窟的微环境。游客可以在数字展示中心近距离欣赏洞窟壁画的细节,并且通过数字化的互动展示更深入地了解艺术作品的历史和文化背景。通过优化的参观环境,游客可以在数字展示中心更加轻松地欣赏敦煌的文化遗产,而无须进入实体洞窟。这不仅为游客提供了更加便捷和舒适的旅游体验,也保护了洞窟的原始状态和微环境。数字化升级实现了旅游体验与文化遗产保护的平衡,让游客在欣赏文化遗产的同时,意识到对其保护的重要性。

(三)丰富文化体验

数字化技术的应用为游客带来了丰富而生动的文化体验。通过数字电影《千年莫高》,游客可以深入了解莫高窟的发展历程。而通过超高清8K球幕电影《梦幻佛宫》,游客可以进行虚拟漫游,亲身体验最具艺术价值的洞窟。这些丰富多样的体验方式使游客能更加全面地了解和感受敦煌的文化遗产。

具体而言,数字电影《千年莫高》为游客呈现了莫高窟的发展历程。通过生动的影像和精彩的叙述，游客可以了解莫高窟在历史上的重要地位及其蕴含的文化价值。电影中展示了莫高窟壁画的艺术魅力，介绍了壁画的创作过程和文化背景。通过这样的数字化呈现，游客能够深入了解敦煌文化的千年传承。而超高清8K球幕电影《梦幻佛宫》则带给游客一场身临其境般的虚拟漫游。通过先进的技术和影像效果，游客仿佛置身于真实的洞窟中，近距离欣赏最具艺术价值的洞窟壁画。他们可以欣赏壁画的细节，感受壁画所传达的深刻内涵。这种虚拟漫游的体验让游客更加贴近敦煌文化，深入感知其中的美和智慧。

在数字化技术提供的丰富文化体验过程中，游客显然可以更加全面地了解和感受敦煌的文化遗产。数字电影《千年莫高》和超高清8K球幕电影《梦幻佛宫》为游客提供了不同的观赏角度和体验方式，使游客在欣赏艺术作品的同时，了解其历史背景、艺术特点以及文化意义。

（四）保护与体验的双赢

通过对旅游体验的数字化升级，敦煌实现了文化遗产保护与游客体验的双赢。这一成果充分展示了数字化技术在旅游领域的应用价值，提升了游客的体验，同时实现了对文化遗产的有效保护。

其间，数字化升级为敦煌的文化遗产保护带来了巨大益处。传统的参观方式可能会对洞窟的微环境产生不利影响，而数字化展示中心的引入有效地减轻了洞窟的压力，保护了壁画的原始状态。游客在数字展示中心通过虚拟现实和互动展示与文化遗产亲密接触，减少了进入实体洞窟的人数，从而保护了洞窟的微环境和文化遗产的完整性。同时，数字化升级为游客提供了更丰富且深入的旅游体验。通过数字化技术，游客可以近距离欣赏洞窟壁画的细节，深入了解其历史背景和艺术特点。数字电影、虚拟漫游等形式的呈现方式使游客能够全方位地了解敦煌的文化遗产。这种互动和沉浸式的体验方式让游客更加投入，加深了他们对文化遗产的理解和关注。

通过保护与体验的双赢，敦煌文化遗产数字化保护工作为其他文化遗产保护项目提供了宝贵的经验。数字化技术的应用不仅实现了文化遗产的数字化保存和传承，还为游客提供了更丰富多样的旅游体验。这种数字化升级的模式在平衡文化遗产保护和旅游需求方面做出了积极探索，为全球范围内的文化遗产保护提供了参考和借鉴。

四、文化遗产的创新利用

数字化保护项目还推动了敦煌文化遗产的创新利用。敦煌研究院与腾讯的合作使敦煌文化遗产在音乐、文创产品等领域得到了创新性的转化和发展。这些以年轻人喜爱的方式进行的文化传播，无疑极大地拓宽了敦煌文化的影响范围，并推动了文化遗产的活化利用。

（一）在音乐领域的创新利用

敦煌研究院、腾讯 QQ 音乐和上海音乐学院共同发起了"古曲新创大赛"，以鼓励年轻创作者关注敦煌音乐文化，并将敦煌文化元素融入他们的音乐作品。这种创新利用方式为文化遗产在音乐领域带来了新的可能性。

"古曲新创大赛"是一个旨在挖掘和推广敦煌音乐文化的创作平台。通过这项活动，使年轻的音乐创作者受到鼓励，引导他们关注敦煌的音乐遗产，并将其融入当代音乐创作。参赛者可以通过重新演绎传统古曲、创作新的曲目或将敦煌音乐元素与其他音乐风格相结合，展现对敦煌文化的理解和创新。这种创新利用方式为敦煌音乐文化注入了新的活力，也吸引了更多年轻人对敦煌文化的关注。通过"古曲新创大赛"，优秀的作品将有机会在音乐会、遗址公园等场合进行演出。这样的音乐会形式将敦煌文化元素与现代音乐表演相结合，为观众带来全新的听觉体验。观众可以在音乐会上欣赏传统敦煌音乐的美妙旋律，同时感受创作者对敦煌文化的创新理解。这种音乐领域的创新利用为敦煌的文化遗产保护和传承开辟了新的道路。"古曲新创大赛"是对文化遗产在音乐领域创新利用的典范。通过鼓励年轻音乐创作者关注敦煌音乐文化，并将其融入当代音乐创作，敦煌文化得以在音乐领域传承和发展。这种创新的方式不仅为年轻人提供了展示才华的舞台，也让更多人对敦煌音乐文化产生了浓厚的兴趣。

（二）在文创产品和数字智慧旅游领域的创新利用

敦煌充沛的文化资源在文创产品开发和数字智慧旅游领域得到了创新性的转化和发展，通过产品和旅游服务将敦煌文化的魅力展现在大众面前。文创产品是一种将文化元素与创意设计相结合的产品形式。在敦煌文化遗产数字化保护的背景下，敦煌研究院与相关合作伙伴开发了一系列精美的文创产品。这些产品包括以敦煌壁画为原型的手工艺品、文化衍生品、纪念品等，通过精心设计和制作，将敦煌文化的独特魅力展现给大众。这些文创产品不仅丰富了市场，也让更多人能够身临其境地感受敦煌的文化艺术。

数字智慧旅游是指通过数字技术和智能化设备提供全新的旅游体验和服务。敦煌的数字智慧旅游就为游客带来了便利和丰富的体验。通过手机应用程序或导览设备，游客可以获取关于敦煌景点的详细信息、语音导览、互动展示等功能。数字智慧旅游还提供了虚拟现实和增强现实技术，让游客可以通过手机或眼镜观看虚拟的敦煌景观，甚至与之进行互动。这种创新的旅游方式不仅丰富了游客的体验，也提升了敦煌文化的传播效果。正是在文创产品和数字智慧旅游的创新利用下，敦煌的文化遗产才能以全新的形式展现给公众。文创产品通过独特的设计和制作，将敦煌文化的艺术魅力融入日常生活，让更多人能够欣赏和收藏敦煌的文化艺术。数字智慧旅游则通过数字技术的应用，为游客提供了更便捷、更丰富的旅游体验，让他们更好地了解和感受敦煌的文化遗产。

第三节　北京市宣西法源寺文化遗址数字化重塑

传统与现代，历史与科技，当这两者交汇碰撞时，常常会擦出令人瞩目的火花。北京市宣西法源寺文化遗址数字化重塑的实践，就是这种交汇的生动范例。在此过程中，弘扬历史文化成为核心任务，利用数字化手段，使法源寺的历史文化重新焕发光彩，让更多人了解这段深厚的历史。法源寺文化遗址的数字化重塑过程，也是文化传播方式创新的体现。借助现代科技手段，打破了传统文化传播的时空限制，将文化遗址的传播带入了全新的领域。

一、弘扬历史文化

通过北京市宣西法源寺文化遗址的数字化重塑，这个地方丰富的历史和文化得以更广泛地传播和弘扬。人工智能"小缦"的设定，展现了法源寺历史文化街区的历史风貌和独特韵味，也使这个地方的文化特征得以在数字化中保留和传承。

（一）提高文化遗产知名度

通过北京市宣西法源寺文化遗址的数字化项目，更多人有机会接触和了解这个重要的历史遗址，从而增强了公众对法源寺历史文化街区文化价值的认知和理解。人工智能"小缦"作为这个地方的代言人，向公众传递了地方文化的特色和韵味，提升了法源寺文化遗址在社会大众心中的知名度和影响力。

在数字化重塑过程中，利用先进的技术手段对法源寺文化遗址进行精细的模拟和还原，使公众可以通过虚拟现实、扩展现实等方式亲身体验这个历史遗址的独特魅力。通过虚拟漫游，公众可以探索法源寺的建筑结构、壁画艺术和文化底蕴，加深对这一遗址的认知和理解。在数字化重塑过程中，人工智能"小缦"扮演着重要角色。作为法源寺文化遗址的代言人，它通过智能语音和交互功能向公众介绍法源寺的历史背景、文化内涵和价值。这样一来，法源寺的历史故事和文化内涵就能以更生动且多样的方式呈现在公众面前，激发公众对历史文化的兴趣和热爱。

（二）丰富文化遗产传承方式

通过人工智能"小缦"的设定，实现了法源寺历史文化街区文化传承的创新。这不仅保留了这个地方独特的历史风貌和韵味，也使其能够以新的形式活化，为地方文化的传承提供新的路径。人工智能"小缦"不仅是一位虚拟导览员，还是一位文化传播者，通过与公众进行互动，将历史文化知识和故事以生动有趣的方式呈现出来。通过与"小缦"进行互动，公众能够更加深入地了解法源寺的历史、建筑和文化内涵。"小缦"能够回答公众的问题，讲解法源寺背后的故事，并分享一些有趣的文化知识。这种互动方式让公众感受到了参与和体验的乐趣，也使他们对法源寺的文化遗址有了更深的认识。

具体而言，数字化重塑为法源寺的文化传承提供了丰富多样的方式。通过数字技术的应用，公众可以通过虚拟现实技术亲身体验法源寺的建筑和环境，仿佛置身于历史中。此外，数字化重塑还提供了多媒体展示和互动体验，让公众可以通过触摸屏、影像展示等方式更加直观地了解法源寺的历史和文化。这些丰富的传承方式让公众可以以不同的形式感受和体验法源寺的文化魅力，激发公众对历史文化的兴趣和热爱。而且通过数字化重塑，法源寺的历史文化得以以新的方式活化，并得到更广泛的传承。人工智能"小缦"和数字技术的应用为文化传承注入了新的活力，同时为公众提供了更多参与和体验的机会。这种丰富的文化传承方式不仅延续了法源寺的历史，也将其文化魅力传递给了更多人。

（三）促进文化交流

数字化的实现使法源寺历史文化街区可以跨越地理限制，接触更广泛的人群，进一步弘扬这个地方的历史文化，也促进了文化的交流和传播。通过数字化重塑，法源寺历史文化街区能够以全新的方式与公众进行交流。数字技术的应用使法源寺可以通过网络和移动设备传播到世界各地，不再受限于时间和空间。公众可以通过互联网平台、手机应用等渠道，随时随地了解法源寺的历史、建筑和文化。

数字化重塑也为文化交流提供了新的契机。公众可以通过虚拟漫游、动感影院等方式，深入了解法源寺的历史故事和文化内涵，感受其独特魅力。同时，数字化的特点使公众可以参与文化交流，通过社交媒体平台分享他们的体验和见解，并与他人进行互动和讨论。这种互动和交流促进了不同地域、不同文化背景的人们之间的相互理解和交流，丰富了文化的内涵和多样性。不可否认的是，数字化重塑也为法源寺与其他文化遗址、机构之间的合作和交流提供了便利。通过数字平台，法源寺可以与其他历史文化遗址进行合作，共同推动历史文化的保护和传承工作。同时，可以与学术机构、文化组织等进行合作，开展研究和展览活动，促进文化资源的共享和互补。这种跨界合作和交流使法源寺的历史文化街区得以更好地融入国内外的文化环境，扩大其影响力和知名度。

（四）保护和传承历史文化

数字化使法源寺历史文化街区的历史和文化能够被更好地传承下来。人工智能"小缦"的设定使这个地方的文化特征得以在数字化中精确保留，为未来的研究和学习提供了宝贵的资源。其中,数字化重塑为法源寺的历史文化提供了一种可持续的保护和传承方式。通过数字技术的应用,法源寺的历史、建筑和文化特征得以以高精度和多维度的形式记录下来。这些数字化的数据和资料不仅保存了法源寺历史的真实面貌,也为后世的研究和学习提供了珍贵的资源。研究人员可以通过数字化技术对历史文化街区进行虚拟重建和模拟,深入探索其中的历史背景和文化内涵。人工智能"小缦"的设定使数字化重塑更加生动和有趣。它以法源寺为背景,通过人工智能技术模拟真实的人机交互,为公众提供了与历史文化互动的机会。它可以回答公众的问题,讲解法源寺的历史故事,并引导公众进行虚拟参观和探索。这种人机互动的形式使历史文化得以以更生动的方式呈现,大大激发了公众对历史文化的兴趣和关注。而且数字化重塑也为文化传承提供了新的途径和平台。通过数字技术,法源寺的历史和文化得以在虚拟空间中重现在世人眼前,公众可以通过虚拟现实技术感受历史文化街区的真实性和独特性。数字平台的应用也为公众提供了更多参与和互动的机会,他们可以通过社交媒体分享自己的体验和见解,与他人进行交流和讨论。这种多样化的参与方式使历史文化的传承变得更加活跃和多元化。

二、加强文化传播

人工智能"小缦"作为法源寺历史文化街区的代言人,是数字化重塑过程中的创新之处。它打破了传统的文化传播方式,通过一个富有个性和魅力的角色,吸引更多人关注并参与到这个历史文化街区的探寻和体验中。

(一)创新文化传播形式

人工智能"小缦"是一种全新的文化传播方式。与传统的讲解员或指南相比,"小缦"具有更高的互动性和趣味性,能够吸引更多不同年龄和背景的人。"小缦"以人工智能技术为基础,通过语音识别、自然语言处理等技术与公众进行交流。它能够回答公众的问题,讲解法源寺的历史、建筑和文化,甚至与公众展开有趣的对话。这种互动的形式使文化传播更加生动和有趣,让公众能够更深入地了解和体验法源寺的历史和文化。

与传统的讲解方式相比,人工智能"小缦"具有更大的灵活性和互动性,

第六章　展示：综览中国文化遗产重塑与再现的成果

它可以根据公众的需求和兴趣提供个性化的讲解和推荐，使每个人都能根据自己的喜好进行参观。公众可以通过与"小缦"的互动，自由选择自己感兴趣的内容，获得更丰富的文化体验。除了语音交流，人工智能"小缦"还可以通过图像识别、增强现实等技术与公众进行互动。公众可以用手机、平板电脑等移动设备扫描指定的图像或场景，获取与之相关的历史、文化和故事。这种创新的文化传播形式使公众能够更直观地了解法源寺的历史和文化，大大增强了参观的趣味性和互动性。这种互动性强、个性化的传播方式使文化传播更加具有吸引力和影响力，能够吸引更多人关注和了解法源寺的历史和文化。同时，这种创新方式提供了公众与历史文化的互动和参与的机会，使文化传播变得更加生动且多元化。

（二）提高公众参与度

人工智能"小缦"的引入提升了公众的文化参与度。它作为法源寺历史文化街区的形象代言人，通过多种媒介和平台向公众展示法源寺的历史、建筑和文化。公众可以通过电视、网络、移动应用等媒介和平台观看"小缦"的表演和讲解，了解法源寺的故事和文化内涵。它的互动性和趣味性吸引了更多人的注意，激发了公众对法源寺历史文化街区的兴趣和好奇心。通过互动体验，公众可以更深入地了解和感受法源寺的魅力。人工智能"小缦"可以为公众提供虚拟参观和探索的机会，让公众身临其境地感受法源寺的历史氛围和建筑风格。公众可以通过移动应用、微信小程序等平台进行虚拟漫游，欣赏法源寺的壁画艺术，了解各个角落的历史故事。这种互动体验使公众更加投入，提升了他们对文化的理解和感知。在体验过程中，公众也可以通过互动的方式参与到法源寺历史文化的传承和保护中。他们可以通过社交媒体分享自己的参观体验和感受，与他人进行交流和互动。这种参与方式扩大了公众的影响力和参与度，使更多人了解和关注法源寺的历史文化。公众的参与不仅促进了文化的广泛传播，也为法源寺历史文化的传承和保护注入了新的活力。

（三）利用现代科技

"小缦"的出现，充分运用了现代数字技术，不仅拓宽了文化传播的方式和渠道，也为文化产业的发展提供了新的思路。人工智能"小缦"作为法源寺

· 177 ·

历史文化街区的形象代言人，融合了现代科技与传统文化，为公众呈现法源寺的历史和文化。通过现代科技的应用，公众可以通过手机、电视、互联网等媒介与"小缦"进行互动和交流，感受法源寺的魅力和独特之处。

在文化产业发展方面，现代科技的利用具体表现在以下两个方面。一是数字技术的应用拓宽了文化传播的方式和渠道。通过数字化的形式，法源寺的历史和文化得以以多媒体的方式呈现，不再受限于时间和空间。公众可以随时随地通过网络平台获取与法源寺相关的信息和内容。数字化的文化传播方式使文化的传播更加便捷和广泛，将法源寺的历史和文化带给更多人。二是融合现代科技为文化产业的发展提供了新的思路。通过数字化重塑，法源寺历史文化街区的形象和故事得以在多个领域延伸和应用。比如，在旅游领域，可以通过虚拟旅游和增强现实技术为游客提供丰富的参观体验；在文创产品开发中，可以将法源寺的元素融入设计，从而创造出独特的文化产品。这种融合现代科技的方式不仅丰富了文化产业的内容和形式，也为文化遗产的保护和传承提供了新的商业模式和经济动力。

三、提升文化遗址吸引力

通过"小缦"的代言，法源寺历史文化街区的知名度和吸引力得到提升。它以独特的形象和魅力，吸引了更多的游客和公众，也提升了文化遗址的公众影响力和社会价值。

（一）加强宣传

人工智能"小缦"作为法源寺历史文化街区的代言人，以自身独特的形象和魅力成功吸引了公众的关注。这一点使法源寺历史文化街区的知名度得以提升，更多人得以了解并对这个历史文化遗址产生兴趣。通过人工智能技术的应用，人工智能"小缦"以一个具体的形象向公众呈现法源寺历史文化街区。它以生动活泼的方式与公众进行互动，通过讲解和表演向公众传递法源寺的独特魅力。它的形象代言使法源寺历史文化街区得以更好地与公众连接，吸引了更多人的关注和兴趣。

通过"小缦"这一形象的宣传和推广，法源寺历史文化街区的知名度得以

第六章　展示：综览中国文化遗产重塑与再现的成果

大幅提升。公众通过电视、网络和移动应用等渠道接触到"小缦"的形象和故事，对于法源寺的认知有了很大提升。他们开始了解法源寺的历史背景、建筑特色和文化内涵，进一步加深了对这个历史文化遗址的认知和理解。法源寺历史文化街区知名度的提升也进一步推动了其吸引力的增强。更多人对这个历史文化遗址产生了浓厚的兴趣，渴望亲自前往参观和探索。法源寺知名度的扩大意味着更多的游客、研究人员和文化爱好者涌入，带来了更多的资源和关注，推动了这个历史文化遗址的发展和保护。通过增强法源寺历史文化街区的知名度，人工智能"小缦"为这个遗址注入了新的活力和吸引力。公众的关注和兴趣进一步推动了法源寺历史文化的保护和传承。同时，增强的知名度有助于将法源寺历史文化的价值和魅力传递给更广泛的受众，促进文化的传承和交流。

（二）吸引更多游客

与此同时，"小缦"的出现吸引了更多的游客和公众。通过与"小缦"进行互动，游客和公众可以更直观、更生动地了解法源寺历史文化街区的历史和文化，从而吸引他们到实地参观。人工智能"小缦"作为法源寺历史文化街区的代言人，以其独特的形象和魅力成为吸引游客的重要因素之一。它以友好亲近的方式与游客互动，通过讲解和解答问题，使游客更好地了解法源寺的历史和文化内涵。游客可以通过与"小缦"互动、提问和交流，深入探索法源寺的历史背景、建筑特色和文化传承，从而增加游览的趣味和参与度。通过与"小缦"进行互动，游客可以获得更加丰富的游览体验。他们可以与"小缦"合影留念，参与虚拟实境游戏，感受法源寺历史文化的魅力。

"小缦"不仅在实地吸引了参观的游客，它的形象和故事也通过多种媒体形式传播，进一步吸引了更多公众的关注和兴趣。人们可以通过电视、网络、移动应用等渠道了解"小缦"和法源寺的故事，从而对法源寺历史文化街区产生极大的兴趣和好奇心。这些广泛的传播渠道为更多人提供了接触和了解法源寺的机会，进一步提升了它的吸引力。游客们的到来不仅带来了经济效益，也推动了历史文化遗址的保护和传承。同时，游客的参与为法源寺历史文化街区带来了更多的资源，为其长久的保护和发展奠定了坚实的基础。

（三）提升文化遗址在公众心中的影响力

法源寺历史文化街区通过"小缦"这一形象，成功提升了其在公众心中的影响力。这不仅增加了文化遗址的公众价值，也为其赢得了更多的社会认可和支持。人工智能"小缦"作为法源寺历史文化街区的代言人，以其独特的形象和亲切的互动方式，吸引了更多公众的关注和兴趣。它成为法源寺的形象代表，使公众可以更深入地了解法源寺的历史背景、文化内涵和重要价值。

通过与"小缦"进行互动，公众可以更加直观地了解法源寺的历史和文化。他们可以通过与"小缦"的问答互动，了解法源寺的故事、建筑特色、文化传承等方面的知识。这种互动体验使公众融入其中，加深了他们对法源寺历史文化街区的理解和认同。公众的参与和了解进一步扩大了法源寺的影响范围，提升了其在社会中的声誉和地位。同时，通过多种媒体渠道的传播，如电视、网络、移动应用等，法源寺历史文化街区和"小缦"的形象得以更广泛地传播。这种传播方式使更多人可以接触和了解法源寺，增加了公众对其的认知度和兴趣。公众通过不同的媒体渠道了解了法源寺的独特魅力，进而产生了对这个文化遗址的兴趣和关注。这种广泛的传播为法源寺历史文化街区赢得了更多的公众支持和关注，进一步提升了其在社会上的影响力。

（四）提高文化遗址的社会价值

作为历史文化遗址，法源寺的价值不仅仅在于其本身的历史和文化，还在于其在现代社会中的影响力和教育价值，而"小缦"恰好为实现这一目标提供了有效手段。人工智能"小缦"作为法源寺历史文化街区的代言人，不仅吸引了公众的关注，也为公众提供了更深入了解和认识历史文化的机会。通过与"小缦"进行互动和了解，公众可以更加直观地认识法源寺的历史背景、文化内涵和重要价值。它通过讲解历史文化知识和解答问题，向公众传递丰富的历史知识和文化信息。这种教育性的作用使法源寺历史文化街区的社会价值得到了进一步增强。

"小缦"的出现也使法源寺历史文化街区的教育价值得到了提升。公众可以通过与"小缦"互动，了解与法源寺相关的历史人物、文化事件等，并深入了解中国历史和文化的发展。这种互动式的学习方式，使公众对法源寺的认知变得更加生动和深刻，激发了公众对历史文化的兴趣和探索欲望。通过这样的教育方式，法源寺历史文化街区为社会提供了重要的历史教育资源，丰富了公众的知识储备。同时，在"小缦"的宣传和传播下，法源寺历史文化街区的影响力得到了拓展。它的形象和故事通过多种媒体渠道传播，如电视、网络、移动应用等，进一步扩大了法源寺的知名度和影响范围。这种广泛的传播为更多人提供了接触和了解法源寺的机会，促进了社会对历史文化遗址的关注和认可。通过提升社会影响力，法源寺历史文化街区的社会价值得以增强，为社会的文化教育和发展做出了重大贡献。

四、多元化的文化输出

在数字化重塑过程中，法源寺历史文化街区实现了多元化的文化输出。无论是数字藏品、文创产品，还是虚拟主播、"小缦"的微信表情包，都是新的文化传播形式，使公众能够以多种方式接触并了解这个历史文化街区。这些新的形式不仅拓宽了文化的传播渠道，也使文化遗址的影响力得到了进一步提升。

（一）数字化藏品的传播

通过创建和推广数字化藏品，法源寺历史文化街区的丰富文物资源得以更广泛地传播和展示，打破了地理和时间上的限制。这使公众无论何时何地都能通过网络接触这些珍贵的文物，大大增强了人们对历史文化的认知。在这里，数字化藏品是将法源寺历史文化街区的珍贵文物进行数字化处理，并通过互联网、网络电视等媒体进行传播。通过高清影像、3D模型、虚拟展览等技术手段，公众可以在线上近距离观赏法源寺的文物，感受其独特的艺术魅力和历史价值。这种数字化的传播方式不受时间和空间的限制，使公众无须亲临现场就能深入了解和欣赏法源寺的珍贵文化遗产。

通过数字化藏品的传播，法源寺历史文化街区得以向更多人分享其丰富的文化资源。无论是国内还是国际，人们都可以通过互联网等渠道近距离观赏法源寺的珍品文物。数字化藏品的传播还为学术研究和教育提供了宝贵的资源。学者和研究人员可以通过数字化藏品进行深入研究和学术交流，推动对法源寺历史文化的探索和理解。同时，教育机构可以利用数字化藏品为学生提供多样化的教学资源，丰富他们的知识和开阔他们的文化视野。而且数字化藏品的传播不仅提升了法源寺历史文化街区的知名度和影响力，也为文化旅游和文化产业的发展注入了新的动力。公众可以通过在线观赏和体验对法源寺的历史和文化产生浓厚的兴趣，进而增加实地参观的意愿。这种数字化传播方式为文化旅游提供了新的参与和体验方式，促进了文化旅游的蓬勃发展。同时，数字化藏品的传播为文化产业的创新和发展提供了广阔的空间，激发了更多人的创新能力和创业热情。

（二）文化创意产品的推出

为了进一步拓宽文化的传播渠道，法源寺历史文化街区推出了各种创新的文化产品。这些文创产品不仅能展现法源寺历史文化街区的文化精髓，还能为公众提供更加生动而有趣的方式了解和接触这个历史文化街区。

通过创新的设计和艺术表达，法源寺历史文化街区的文化特色得以在文创产品中进行展示。例如，推出以法源寺为主题的手工艺品，包括法源寺瓷器、刺绣、木雕等物品，将法源寺的独特元素融入产品设计中，展现了其独特的艺术魅力和历史价值。同时，法源寺历史文化街区推出了与数字技术相结合的创新文化产品。例如，开发了以法源寺为背景的虚拟现实（VR）体验产品，通过虚拟的场景和互动性，使公众能够身临其境地感受法源寺的历史氛围和文化内涵。

另外，文化创意产品的推出不仅使公众能够更加生动地了解法源寺历史文化街区，也为他们提供了参与和互动的机会。例如，推出以法源寺为题材的手游和文化体验活动，让公众能够在游戏和互动中更深入地了解和体验法源寺的文化。这些创新文化产品为公众提供了更加多样化的方式来感知、了解和体验法源寺历史文化街区。无论是通过手工艺品、数字技术，还是通过游戏互动，都能让公众以更轻松和愉快的方式参与其中，从而增加公众对法源寺的兴趣和关注。创新文化产品的推出也为法源寺历史文化街区带来了经济效益和社会影响。文创产品的销售和推广不仅为文化产业的发展提供了新的机遇，也为法源寺历史文化街区的可持续发展提供了重要支持。

第六章 展示：综览中国文化遗产重塑与再现的成果

（三）虚拟主播的运用

法源寺历史文化街区充分利用了虚拟主播的形象，通过人工智能"小缦"为公众传达丰富的历史和文化信息。作为一个虚拟形象，"小缦"以其独特的形象和声音成为法源寺历史文化街区的代言人，为公众呈现了一个全新的文化传播方式。虚拟主播的运用使法源寺历史文化街区的文化传播更具吸引力。"小缦"通过其形象、语言等互动方式与公众进行沟通和互动，引导公众了解和探索法源寺的历史文化。通过虚拟主播的运用，公众能够以更加生动、娱乐化的方式了解法源寺的故事和文化内涵。

"小缦"作为虚拟主播，可以通过直播、视频、社交媒体等多种渠道与公众互动，使公众可以在现场感受法源寺的独特魅力，了解历史背后的故事和文化内涵。而通过视频和社交媒体的传播，"小缦"可以将法源寺的历史和文化传播到更广泛的受众群体中，让更多人了解和关注法源寺。虚拟主播的运用为法源寺历史文化街区的文化传播注入了新的活力和影响力。另外，虚拟主播也能吸引更多年轻一代的关注和参与，使法源寺历史文化街区得到更广泛的认知和传播。公众可以通过与"小缦"的互动，深入了解法源寺的历史和文化，同时激发对法源寺的探索和参观兴趣。

（四）社交媒体表情包的设计

为了进一步拓宽文化的传播途径，法源寺历史文化街区设计并推广了与"小缦"相关的微信表情包，使文化元素能够进入公众的日常交流中。这种创新方式实现了文化的日常化和普及化，将法源寺历史文化街区的丰富文化融入了公众的生活。

通过社交媒体表情包的设计，法源寺历史文化街区的文化元素得以在公众的社交互动中进行展示。这些表情包以"小缦"的形象为基础，通过精心设计的表情和动作，将法源寺的文化特色表达出来。公众可以在日常聊天中使用这些表情包，通过分享、评论等方式将法源寺的文化元素传播出去。社交媒体表情包的设计不仅拓宽了文化的传播途径，还使公众在日常生活中不知不觉地接触和了解法源寺历史文化街区的丰富文化。这种娱乐化的方式使公众能够以轻松愉快的心态参与其中，从而进一步激发公众对法源寺的兴趣和关注。此外，社交媒体表情包的设计也为法源寺历史文化街区带来了更广泛的影响力。公众在使用这些表情包的同时,将法源寺的文化元素传播给更多的人,从而扩大了文化的影响范围。这种社交媒体表情包的传播方式与时代的发展和公众的使用习惯紧密结合,大大提升了法源寺历史文化街区在年轻一代中的知名度和影响力。

第四节 北京故宫博物院文化遗产数字保护

文化遗产的传承与保护既是历史的责任,也是对现代科技的挑战。北京故宫博物院的文化遗产数字保护工作正是在这样的责任与挑战中取得了突破。其中,提升公众参与度和知识接触率是此项工作的关键。通过数字化的方式,故宫博物院使更多人能够接触到深厚的历史文化,从而提高公众的历史文化认知。与此同时,故宫博物院的文化遗产数字保护工作也在扩大文化传播的边界。借助现代科技手段,打破了传统文化传播的时间和空间限制,使文化遗产的影响力得到进一步提升。

一、提升公众参与度与知识接触率

北京故宫博物院在文化遗产数字保护中,通过开发"全景故宫""V故宫"等应用程序,提供了在线参观的新方式。这使更多公众能够在减少实际游览成本的同时,更深入地了解文物背后的故事和历史背景,从而提高了知识接触率。这也在一定程度上弥补了因距离或其他因素导致的参观难题。

(一)实现了博物馆资源的普及

通过数字化项目如"全景故宫"和"V故宫",北京故宫博物院成功实现了博物馆资源的普及。这些项目使公众无论身处何地,都能在线上接触到博物馆丰富的文物藏品,了解其中蕴含的历史文化。"全景故宫"项目通过虚拟现实技术,为公众提供了身临其境的游览体验。无论公众身在何处,都能通过虚拟现实设备或在线平台欣赏宫殿、庭院和珍贵文物。这种全景式的体验使公众能够更加直观地了解故宫的建筑风格、艺术品和历史背景。

"V故宫"项目通过虚拟导览、在线展览等方式,将故宫的文物展示和知识传递到公众的手机和电脑上。公众可以通过移动设备浏览数字化的展览内容，深入了解各个展览区域的文物背后的故事和文化价值。这种数字化展示方式不仅提供了丰富的文物信息，也使公众能够根据自己的兴趣和时间灵活地浏览和学习。通过这些数字化项目，北京故宫博物院实现了博物馆资源的普及，让更多公众能够接触到故宫的珍贵文物和历史文化。无论是身处遥远的地方，还是因时间或其他原因无法亲自参观，公众都可以通过在线平台和数字设备了解故宫的丰富文化。这种数字化的普及方式为公众提供了更多接触文化遗产的机会，从而使公众的参与度和知识接触率得到了很大提升。

（二）降低了文化传播的成本

过去，要想了解故宫博物院的文物藏品，公众往往需要亲自前往北京进行参观。这对于身处遥远地区或因各种原因无法亲临的公众来说，无疑是一种制约。然而，随着故宫博物院数字化项目的推进，这一局限性被打破。现在，公众通过数字化项目在家中就可以参观故宫博物院，大大降低了文化传播的成本。通过在线平台和移动设备，公众可以享受"全景故宫"的虚拟现实体验，仿佛置身于故宫的宫殿和庭院中。这种全景式的参观方式不仅减少了旅行和参观的费用，还节约了时间和精力，让更多公众能够接触到故宫的珍贵文物。

另外，故宫博物院还推出了"V故宫"等数字化项目，通过在线展览和虚拟导览的方式，将故宫的文物和知识传递到公众的手机和电脑上。公众可以根据自己的兴趣和时间，自由浏览数字化的展览内容，深入了解各个展览区域文物背后的故事和文化价值。这种数字化展示方式不仅提供了丰富的文物信息，也节省了公众前往现场参观的成本。通过数字化项目，故宫博物院降低了文化传播的成本，使更多公众有机会接触到博物馆的珍贵藏品。公众无须远道而来，也不再受时间和地理的限制，只需通过在线平台和移动设备，就能感受故宫的文化魅力。这种数字化的参观方式使公众的文化体验更加便捷和经济，极大地提升了公众的参与度和知识接触率。

（三）加深了公众对文化的理解

故宫博物院的数字化项目不仅仅是简单地展示文物，更通过图文解说、视频介绍等方式，帮助公众深入理解文物背后的文化和历史，进一步增强了公众的历史文化意识和认同感。通过数字化展示，公众可以以更直观、更生动的方式了解文物的历史和文化价值。例如，在数字化的展览中，公众可以通过图文解说详细了解每件文物的起源、用途和历史背景。这种深入的解说可以帮助公众更好地理解文物所承载的历史故事，激发他们对历史文化的兴趣和好奇心。而且，故宫博物院的数字化项目还通过视频介绍的形式，展示了文物的制作工艺、保护修复和研究成果等方面的内容。公众可以通过观看这些视频，了解文物背后的艺术技巧和保护修复的过程，进一步深入了解和欣赏文物的价值和意义。通过数字化展示的多媒体形式，公众能够以更亲近、互动的方式与文物进行接触，进一步加深对文化的理解。他们不仅可以通过文字和图像了解文物的外观和背景，还可以通过音频、视频等方式感受文物的氛围和历史。这种互动式的体验使公众能够更加全面地了解文物所传达的文化信息，从而激发他们对历史文化进行更加深入的了解。

（四）弥补了实地参观的不足

尽管亲自参观博物馆能够更直观地感受文物的魅力，但由于时间、地点、人流控制等因素的影响，公众的实地参观经常受到限制。然而，故宫博物院的数字化项目弥补了这些不足，使公众可以随时随地、便捷地参观和了解故宫的文物藏品。通过数字化项目，公众不再受限于实地参观的时间和地点。公众无论身处何地，只需通过互联网，就能轻松地进入故宫的虚拟展览，亲身体验文物的魅力。而且数字化展示还解决了人流量控制带来的参观难题。

传统的实地参观常常面临人满为患的情况，游客需要排长队等待入场，甚至可能因为人数限制无法进入。而数字化项目不受空间限制，能够容纳更多的参观者。公众可以自由浏览虚拟展厅，与文物亲密接触，不再受实地参观的人数限制，享受更好的参观体验。更重要的是，数字化项目还提供了更丰富的互动和学习机会。公众可以通过点击屏幕，查看文物的相关信息，深入了解其历史和背后的故事。同时，数字化展示结合了多媒体技术，提供了丰富的图像、视频和音频内容，帮助公众全方位、多角度地理解文物的文化价值。

二、扩大文化传播边界

数字技术不仅使故宫博物院展示的藏品更加丰富，还扩展了其文化传播的边界，实现了对博物馆空间的无限拓展。数字化让文化遗产的传播不再受地理空间的限制，从而将其更广泛地传播到世界各地。

（一）打破地域限制

通过数字化技术，故宫博物院成功打破了地域限制，实现了对文化遗产的全球传播。无论是身处遥远地区的公众，还是不便出行的个体，都可以通过网络在线参观故宫，欣赏其丰富的文化遗产，这在一定程度上扩大了文化传播的边界。

以往人们参观故宫需要亲自前往北京，这对于一些身处偏远地区的公众来说是难以实现的。然而，故宫博物院的数字化项目打破了这一限制。通过网络平台，人们无须远行，只需打开电脑或手机，就能实时参观故宫的虚拟展览。这种全球范围内的数字传播方式，让更多人有机会亲临故宫，欣赏其独特的文化遗产。因此，数字化技术无疑为人们提供了便捷的参观途径。有些人可能因身体原因或其他特殊情况无法亲自参观故宫，但通过在线参观，他们仍然可以享受到文化遗产的魅力。这种便利的数字化体验，使更多人能够参与到故宫文化的传播中。以此为基础，数字化的文化传播还能克服时间的限制。传统的实地参观通常受开放时间的限制，人们必须在规定的时间内参观。而通过数字化项目，人们可以根据自己的时间安排自由浏览故宫的藏品，不再受时间的限制。这样的灵活性使更多人有机会参观故宫，并深入了解其文化遗产，丰富自己的知识。

（二）提供丰富的观展体验

在数字化平台上，故宫博物院不仅提供了基本的文物展示，还通过虚拟现实（VR）、增强现实（AR）等先进技术，为观众提供了丰富多样的观展体验。这些新颖的展示形式丰富了公众的参观体验，使文化传播更加生动有趣。

传统的文物展览往往只能通过静态的展示方式呈现，公众需要凭借想象力还原历史场景。而在数字化平台上，故宫博物院通过虚拟现实、增强现实等技术，为观众创造了更逼真的观展体验。例如，通过 VR 技术，观众可以身临其境地游览故宫的殿堂，感受宏伟壮丽的建筑和丰富的文化内涵。而 AR 技术则可以将文物与现实场景相结合，使观众能够在现实中与虚拟的文物进行互动，增强了观众的参与感和互动体验。这些新颖的展示形式为观众提供了全新的观展体验，使他们能够更加深入地了解和感受故宫的文化遗产。观众不再仅仅是被动地接受展示信息，而是能积极参与其中，与文物互动，积极去探索历史。

通过提供丰富的观展体验，故宫博物院的数字化项目为公众带来了全新的文化感知方式。观众可以通过数字化平台，随时随地参观故宫、欣赏文物、体验虚拟的历史场景、与文化遗产互动。这种多样化、互动性强的观展方式不仅提升了观众的参与度和体验感，还丰富了文化传播的形式和内容。

（三）推动文化交流

通过扩大文化传播边界，故宫博物院推动了国与国之间的文化交流。全球的观众可以通过在线参观故宫，了解中国的历史文化，进一步增进对中国文化的理解和认知，从而推动中国文化与世界文化的交流和融合。

故宫博物院的数字化项目通过网络平台，将中国丰富的文化遗产传递给全球观众。观众可以通过互联网不受时空限制地参观故宫，欣赏其中珍贵的文物。这种数字化的展示方式使文化传播打破了地理界限，使人们无论身处何地，都能与故宫的文化进行互动。通过在线参观故宫，全球观众可以深入了解中国的历史文化，探索中国传统艺术和工艺的精髓。他们可以通过数字化平台，欣赏故宫珍藏的绘画、书法、陶瓷等艺术品，感受中国古代文明的独特魅力。这种跨越国界的文化交流不仅促进了不同文化之间的相互了解和尊重，也为各国观众提供了更多了解中国文化的机会。同时，通过数字化平台，故宫博物院能与其他国际博物馆和文化机构进行合作，展开文化交流与合作项目。通过数字技术，文物的数字化复制和共享成为可能，各国博物馆可以共同研究和展示文物，促进了各国之间的文化交流与合作。这种文化交流的推动有助于打破传统的国界限制，促进不同文化之间的相互学习和借鉴。

三、提高访问量与公众满意度

通过数字化展览，故宫博物院提高了公众对文化遗产的关注度和参与度，访问量大幅度提升。这不仅让更多人了解到了故宫的丰富藏品和深厚文化，还提高了公众对故宫博物院的满意度和好感度。

（一）扩大访问量

在数字化展览的推动下，故宫博物院打破了物理空间和时间的限制，任何人在任何时间都能进行在线参观，这极大地增加了故宫博物院的访问量。

此外，数字化展览也通过社交媒体的方式吸引了更多年轻人参与，使故宫博物院的访问人群更加年轻化，进一步扩大了其影响力。通过在社交媒体平台上分享故宫的文物、故事和互动活动，故宫博物院成功吸引了更多年轻人的关注和参与。年轻人通过社交媒体与他人分享自己对故宫的体验和观点，进一步扩大了故宫的影响范围，吸引了更多的访问量。通过扩大访问量，故宫博物院将文化遗产的传播范围不断扩大，使更多人有机会了解和接触故宫的文化宝藏。数字化展览的便利性和年轻人的参与，为故宫博物院带来了更多的机遇和挑战。通过持续推动数字化保护和展示文化遗产，故宫博物院将进一步提升其在公众心中的知名度和认可度。

（二）提升参观质量

数字化展览在提升参观质量方面发挥了重要作用。与传统的实地参观相比，数字化展览提供了更丰富、更详细的展品信息，使公众能够更深入地了解文物背后的历史故事和文化内涵。通过数字化展览平台，观众可以获得更加全面且准确的文物信息。数字化展品以高清图像、多角度展示的方式呈现，配以详细的文字描述和音频讲解，使观众能够更全面地了解每件文物的细节和背后的故事。观众可以根据自己的兴趣和需求选择感兴趣的文物进行深入了解，实现个性化的参观体验。而且数字化展览还可以通过个性化推荐、智能导览等服务提升展览的质量，增强公众的参观满意度。数字化展览平台可以根据观众的兴趣和历史偏好为他们提供个性化的内容，使观众能够更准确地找到自己感兴趣的文物和展览。智能导览系统可以根据观众的位置和需求提供导览信息和路线规划，使观众能够更方便地参观和了解文物。通过提升参观质量，数字化展览使观众能够更深入地了解文化遗产，获得更丰富的参观体验。观众可以在自己的节奏和时间安排下参观，根据自己的兴趣和需求选择参观内容，这提升了参观质量和满意度。

（三）提升公众满意度

数字化展览为公众提供了全新的参观体验，从而大大提高了公众的满意度。公众不再受时间和地点的限制，在家中就能欣赏故宫博物院丰富的藏品，了解其深厚的历史文化。这种便捷的参观方式不仅节省了时间和旅行成本，还满足了公众对文化遗产的渴望。

数字化展览通过高清图像、多媒体解说和互动功能等方式，使公众能够更加深入地了解文物的细节和历史背景。观众可以自主选择感兴趣的展品进行观看，并根据自己的节奏进行参观，这种个性化的参观体验大大增强了公众的参与感和满意度。

在这里，数字化展览还为公众提供了互动交流的平台。观众可以在数字化展览平台上与其他观众分享观展心得、讨论文物的历史背景和文化内涵，增强公众之间的交流与互动。这种社交性的体验使参观不再是单向的，而是成为一个共享知识和文化的平台，提升了公众的满意度和参与感。通过提供全新的参观体验和互动交流的平台，数字化展览大大提高了公众的满意度。公众可以根据自己的兴趣和时间安排自由参观，深入了解文物的历史和文化内涵，与其他观众分享体验，获得更丰富和个性化的参观体验。数字化展览的便利性和互动性满足了公众对文化遗产的渴望，提升了他们对故宫博物院的满意度。

（四）提升故宫博物院品牌形象

数字化展览的推出不仅使故宫博物院的文化遗产得到了更广泛的传播，也为其品牌形象的提升做出了贡献。通过数字化展览，故宫博物院向公众展示了其在文化保护和传播方面的努力和成果，进一步增强了公众对故宫博物院的认可和好感。其中，数字化展览让公众更加了解了故宫博物院的文化保护工作。通过数字化技术，文物的细节和特点可以以高清晰度展示给公众，让他们近距离欣赏文物的瑰丽和精湛工艺。这种身临其境的参观体验增强了公众对故宫博物院的认同感，并认识到其在文化遗产保护方面的重要贡献。同时，数字化展览为公众提供了更多与故宫博物院互动和交流的机会。观众可以在数字平台上与其他观众分享观展心得、讨论文物的历史背景和文化内涵，这大大促进了公众之间的交流和互动。这种社交性的体验让公众感受到了故宫博物院作为文化载体的独特魅力，增强了对其品牌形象的认同和好感。同时，数字化展览的创新性和先进性为故宫博物院赢得了更多关注和赞誉。数字技术的运用使观众能够以全新的方式体验文化遗产，如虚拟现实技术可以让观众身临其境地穿越时空，感受历史的魅力。这种创新展示方式不仅提升了观众的参观体验，也塑造了故宫博物院作为现代化文化机构的品牌形象。值得一提的是，数字化展览的推出使故宫博物院在公众心中树立起了强大的品牌形象。公众对故宫博物院的信任度和好感度得到提升，更多人愿意参观和支持故宫博物院的文化遗产保护工作。故宫博物院作为中国文化的象征，其品牌形象的提升也有助于推动中国文化的国际传播和交流。

四、促进博物馆行业的创新转型

故宫博物院通过实践和探索，有效推动了博物馆行业在数字化方面的创新转型。这种转型也为行业内其他博物馆提供了参考，从而推动了整个行业的进步。这种创新和转型不仅带动了故宫博物院自身的发展，也为社会经济的发展提供了新的动力。

（一）故宫博物院的创新实践

故宫博物院以数字化的方式保护和展示丰富的文化遗产，这一创新实践在博物馆行业内起到了良好的示范作用。故宫博物院通过数字化技术，将文物数字化并呈现于在线平台，让公众能够随时随地参观和了解故宫的珍贵藏品。其间，故宫博物院的创新实践提升了参观体验和服务质量。通过数字化展览，观众可以以全新的方式欣赏文物，通过高清晰度的图像和多媒体解说，深入了解文物的历史背景和文化内涵。此外，故宫博物院还提供智能导览、个性化推荐等服务，让观众能够根据自己的兴趣和需求进行参观，提升了参观体验的质量，而且故宫博物院的创新实践引领了博物馆行业的转型和升级。故宫博物院通过数字化展览、虚拟现实等先进技术的运用，为观众带来了全新的参观体验，吸引了更多年轻人的关注和参与。这种创新实践推动了博物馆行业从传统的静态展示向互动性、体验性更强的展示方式转变，促进了行业内的创新和进步。另外，故宫博物院的创新实践不仅在国内产生了积极影响，也在国际上获得了广泛的关注和认可。作为中国文化的重要代表，故宫博物院通过数字化保护和传播文化遗产，为世界各国的博物馆提供了有益的借鉴和启示。它为博物馆行业的创新转型提供了一个成功的案例，激发了其他博物馆加强数字化保护和传播的动力。

（二）故宫博物院的数字化保护和展示实践对其他博物馆的影响

故宫博物院的数字化保护和展示实践为其他博物馆提供了宝贵的经验和启示，推动了整个行业向数字化方向的转型。故宫博物院作为中国文化的重要代表，通过数字化技术成功保护和传播了文化遗产，成为其他博物馆学习、借鉴的典范。其中，故宫博物院的数字化实践提高了其他博物馆加强数字化保护和传播的意识。通过数字化展览、虚拟现实等先进技术的运用，故宫博物院实现了文物的多维展示和互动体验，极大地丰富了观众的参观体验。这为其他博物馆提供了可借鉴的模式，激发了它们加强数字化保护和传播的动力。此外，故宫博物院的数字化实践对于其他博物馆服务质量和效率的提升也起到了很好的促进作用。故宫博物院通过数字化技术提供了智能导览、个性化推荐等服务，使观众能够根据自己的兴趣进行参观，大大提升了人们参观时的体验感。这为其他博物馆提供了借鉴的方向，鼓励它们在参观体验、服务质量等方面进行创新，以提供更好的服务。更重要的是，故宫博物院的数字化实践还促进了博物馆之间的合作与交流。通过数字化展览的推广，其他博物馆可以与故宫博物院进行合作，共享数字化资源，开展联合展览和项目，实现资源共享和互利共赢。这种合作与交流有助于博物馆之间的相互学习和借鉴，以推动整个行业的创新转型。

第六章　展示：综览中国文化遗产重塑与再现的成果

第五节　江西通天岩石窟造像数字化艺术再现

国内的数字化艺术再现形式颇为丰富，经深入研究发现，主要以 3D 技术和 VR 技术为核心，结合其他辅助技术而实现艺术再现。这种结构使艺术作品的再现形式更加丰富多元，从而更好地满足观众对艺术再现的需求。3D 技术和 VR 技术作为主要的数字化艺术再现工具，因其丰富的视觉效果和强烈的沉浸感，已经在艺术再现领域得到了广泛的应用。3D 技术可以使艺术作品的形象更加立体鲜明，为观众提供了更生动且真实的艺术体验。而 VR 技术则可以使观众有身临其境般的感觉，从而更深入地感受和理解艺术作品的内涵。江西通天岩石窟的佛像由于历史比较久远，存在多种不同程度的残破和缺失问题。这对艺术再现提出了更高的要求，因此需要尝试采用多种数字化技术还原其原貌。利用先进的数字化技术，可以对残破和缺失的佛像进行精细的再现，使其尽可能地接近原貌，以此尊重和保护这一重要的文化遗产。这也是数字化技术在艺术再现中的重要价值所在，即通过技术手段，将历史的痕迹永久地保存和传承下去。

一、白描艺术——特征提取

在中国绘画史中，白描以其独特的艺术魅力，显露出非同寻常的表现力。这种源自古代的艺术表达形式主要依靠线描，通过线条的粗细、长短、虚实、曲直等变化展示其独特的艺术效果。白描采用的线描技法具有显著的造型和造境的艺术功能，它的变化丰富且多样，可以轻松地实现艺术家的表达目标，无论是传达情感还是表达特定的意象。以线条为主要手段，这种绘画形式能够清晰地勾勒出所绘制对象的外形，使之呈现出丰富的立体感和深度感。

对通天岩石窟佛像的再现，白描艺术就展示了其出类拔萃的能力。通过白描的方式，佛像的外形轮廓得以便捷、直观地呈现，为理解佛像的形态提供了重要的视觉信息。无须复杂的颜色和纹理，单纯的线条便足以描绘出佛像的真实形态，这便是白描的魅力所在。

以一尊罗汉像为例，在采用高精度摄影对其进行捕捉后，利用白描的技法对佛像的外部特征进行提取。结果发现，佛像的衣领、袖口、手部等部分表面已经脱落，衣服的褶皱以及手部的摆放并不清晰。通过对这些细节进行深入分析，再利用白描的技法，佛像的面部表情、外形轮廓、衣服的褶皱以及整体形态等特征得以简洁、清晰地呈现。另外一尊佛像在手部和面部有明显的缺失。在同一石窟的佛像中，并未发现有相同持有物体的手势。然而，通过对比与其年代相近的佛像，可以发现这尊佛像的手势与北宋时期的罗汉像有相似之处。因此，参照北宋罗汉像的手势和眼睛进行白描绘制，以还原这尊佛像的眼睛、手势、所持物品以及部分衣纹。

由此可见，白描的艺术再现形式为这些佛像提供了一种新的、有效的表现手段。通过数次试绘可以发现，白描的线条所展现的艺术魅力能够快速而准确地捕捉佛像的形态，这一点在对佛像进行数字化再现时，无疑提供了极其重要的造型信息。

二、虚拟空间搭建——艺术空间拓展

虚拟空间是在计算机 3D 软件中建立的一个三维空间，这种艺术再现形式能全面、立体、宏观地展示出再现对象所处的环境和空间，还能为人们带来一种全方位、深度、沉浸的空间体验，形成系统的数字化资料。但是这种艺术再现形式需要采集庞大的图像资料辅助虚拟空间的搭建，这对前期资料收集工作提出了更高的要求，不仅要多方位和多角度拍摄，还要查找平面地图、顶视图等图像。

通天岩石窟主要以山体为载体，山体本身具有地面崎岖、道路蜿蜒、纵向跨度大等特征，为拍摄工作带来了一定的难度。在拍摄过程中，不仅需要在地面拍摄，还需要采用无人机拍摄技术对整个石窟进行顶视航拍，为虚拟空间的搭建准备相对充分的参考资料。通过整理拍摄的图像和收集的资料，可以形成对通天岩石窟基本的立体成像逻辑和想象画面。经过几个月的资料梳理，先在三维软件 Maya 中对佛像进行逐一建模，并对佛像的外部场景进行搭建，再把建好的佛像模型依次放在搭建好的场景中，这样就可以得到一个相对简单，但足以展示通天岩石窟佛像所处环境的虚拟空间。

第六章　展示：综览中国文化遗产重塑与再现的成果

三、漫游动画——艺术动态展示

漫游动画不仅能以浏览的方式全方位展示相关内容，还能通过点击、评论等互动形式让参与者主动了解其历史文化和风景特征。该艺术形式既包括视频类的内容输出方式，又包括交互类的互动参与方式，不仅可以全面、系统地介绍其历史文化、背景和发展历程，还可以展示其所处场所、景观及地理位置。

漫游动画以动态的形式展示艺术作品，其可观赏性、可娱乐性、可传播性等优势在艺术再现形式中备受欢迎。但因为其专业性强、操作度难、工程量大，所以在艺术再现形式中的可实现度比较低。对此，需要具备专业制作视频能力的人员来操作，相关工作人员必须具备脚本撰写、镜头设计、后期合成等技能；而交互设计、代码编写等也需要具备专业交互设计能力的人员来实现。这些都对漫游动画在艺术再现中的应用提出了更高要求。将前期制作好的场景进行渲染，从游客的视角出发，模拟其参观通天岩石窟佛像的路径，结合镜头语言对佛像进行全景、特写等展示，将其制作成动态视频，向游客全面展示其风貌，并在佛像模型上设计触控点，使游客可以通过点击展开相关文字信息，还利用音频播报的形式使游客可以更快捷地获取其历史文化和艺术特征。

四、全息投影——虚实共同展现

全息投影是近年来新兴起的一项立体展示技术，它让人们有机会以全新的视角欣赏并体验艺术。这种展示形式让观看者能够在360°的环境下，无视角限制地欣赏作品。全息投影的出现，为观众带来了沉浸式的视觉体验，使人们得以近距离、多角度观赏并理解作品，为传统的艺术观赏方式带来了革新。

全息投影技术在提供全新视觉体验的同时，赋予了展示者更多可能性。这项技术的出现，特别适用于对文物和物质文化遗产的展示。由于其超强的视觉效果，人们可以更好地了解文物或物质文化遗产的历史文化价值。全息投影的艺术再现形式是在已有的3D模型或3D影像的基础上进行投影，利用光学的偏光原理，将光束投射到空气中，从而形成立体的图像。这项技术在很大程度上提高了展示效果，但也对展示场地的技术装备提出了更高要求。这种艺术展示通常在展馆、博物馆等地进行，因为这些地方的观众流量相对稳定，全息投影技术的运用，使展示效果更具吸引力，而这无疑增加了观众的观赏体验。

通过观察和研究可以发现，在众多的旅游景点和博物馆中，全息投影技术已经成为常见的艺术再现形式。然而在通天岩石窟这样具有深厚文化底蕴和历史价值的地方，全息投影技术的应用却不足。1988年，通天岩石窟被国务院列为第三批全国重点文物保护单位，更被誉为"江南第一石窟"，足见其文化和历史价值。但是，这样一个拥有丰富历史文化的地方，其展示方式却显得十分落后，与现代社会的技术发展和人们的审美需求有些脱节，这就对广大工作人员提出了一个新的挑战，思考如何将现代的全息投影技术引入这样一个历史文化遗产的展示中，使其与时俱进，更好地传播独特的历史文化价值。

随着时间的推移，自然环境的侵蚀会使通天岩石窟的保护难度不断增大。因此，在现有条件下，采用新的展示方式，如全息投影技术，以促进这个重要文化遗产的现代化和数字化变得尤为重要。全息投影不仅可以为通天岩石窟带来更丰富的展示形式，而且可以使其更好地融入现代社会，为更多人提供了解和欣赏这一重要文化遗产的机会。同时，全息投影技术的应用可以有效提高文化遗产保护的效率和效果，为文化遗产的传承和保护提供新的可能。

在通天岩石窟这样的历史文化遗产展示中，全息投影技术的引入将会极大地丰富展示形式，提高观众的观赏体验，同时有利于传承和保护这些重要的文化遗产。虽然全息投影技术的引入和应用还面临着诸多挑战，如场地、环境、设备等问题，但是，只要广大工作人员能够积极探索、勇于创新，相信有关从业人员一定能找到一种适合通天岩石窟的全息投影展示方式，让这个重要的文化遗产得到更好地传承和保护。

第六节　甘肃黄河文物数字化保护项目——以黄河文化数字艺术展为例

文化的根魂源自民族的深处，而其保护与传承则依赖现代科技的参与和协作。甘肃黄河文物数字化保护项目——黄河文化数字艺术展，便是这样一个涵盖广阔的实例。该项目优化了黄河文化的传播途径与形式，大大提升了传播效果。利用现代的数字技术，黄河文化的精髓以更加直观且生动的方式呈现在公众视野中，使公众对黄河文化有了更深入的理解和认知。项目在策展形式上实现了一种创新，摒弃了传统博物馆的单一展示方式，引入了动态、互动的元素，以此提供了一种全新的观展体验，实现了对文物的更好保护，同时为未来的研究与展示提供了稳固的基础。

一、提升文化传播效果

通过运用数字创意和动效交互，此次展览使黄河文化瞬间变得生动活泼，使观众能更直观、更深入地理解和感受黄河文化的魅力，从而极大地提升了文化传播的效果。

（一）利用新媒体传播

在当前的信息时代，新媒体成为文化传播的重要渠道，具有传播速度快、覆盖面广的优势。甘肃黄河文化数字艺术展充分利用新媒体的传播力量，将展览的内容和精髓通过云展览的方式呈现在全球网民的眼前。这种创新的传播方式打破了传统展览的地理限制，使人们无论身在何处，都能通过网络近距离接触和了解黄河文化。

通过云展览，甘肃黄河文物的珍贵藏品得以在线展示，无论是文物的图片、文字解说，还是多媒体展示和互动体验，都通过新媒体平台传达给公众。这种全新的展览形式吸引了更多人的关注和参与，让更多人了解和欣赏到了黄河文化的魅力，并且利用新媒体还可以实现文化传播的互动性和个性化，通过社交媒体平台的参与和互动，观众可以与展览内容进行交流和分享，提出问题、表达观点，从而增强了观众的参与感和互动体验。这种个性化的传播方式使每个人都可以根据自己的兴趣和需求，自由选择和深入了解黄河文化的内容，提高了文化传播的针对性和吸引力。

（二）提高观众参与度

甘肃黄河文化数字艺术展通过运用数字创意和动效交互的方式，成功提升了观众的参与度。传统的展览形式往往是观众被动地欣赏和观看，而数字艺术展通过创新的互动方式，使观众能够更主动地参与展览。其中，数字创意和动效交互技术为展览带来了更加沉浸式的体验。观众可以通过触摸屏幕、手势操作或其他交互方式与展览内容进行互动。比如，观众可以通过手指滑动屏幕探索黄河的历史变迁，点击展品获取更多详细信息，或参与虚拟互动体验，如河流漂流等。这种互动体验使观众成为展览的参与者，能够更加深入地了解和体验黄河文化。这样一来，观众在互动参与的过程中，不再是被动地接收信息，而是积极思考、探索和参与创造。这种参与方式能够激发观众的兴趣和好奇心，使他们对黄河文化有更深的认知和体验，从而提升文化传播的深度和质量。

还有一点需要加以重视，即数字创意和动效交互为观众带来了更加丰富和多样的展览体验。观众可以根据自己的兴趣和需求，选择感兴趣的展品进行深入了解，自由探索展览的内容。这种个性化的参与方式使观众能够根据自己的节奏和兴趣参与展览，增强了观众的参与感和满意度。

（三）跨界合作推广

甘肃黄河文化数字艺术展通过跨界合作推广的方式，成功提升了文化传播的效果。展览中涉及的数字技术和艺术创作吸引了更多行业和领域的关注，进一步提高了文化传播的多元性。其中，数字技术、艺术创作、媒体传播、旅游、教育等多个领域的专业人才和机构通过合作，将各自的专长与黄河文化相结合，共同打造出富有创意和吸引力的展览内容。

具体而言，一方面，通过跨界合作，展览吸引了更多行业和领域的观众。比如，通过与数字科技公司合作，展览可以利用虚拟现实、增强现实等技术，为观众打造身临其境的体验；与艺术家、设计师合作，展览可以呈现独特的艺术创作和视觉效果；与媒体合作，展览可以借助各种媒体平台和渠道，将黄河文化的魅力传播给更广泛的受众群体。另一方面，跨界合作能够通过不同领域之间的互动与碰撞，为黄河文化带来新的诠释和表达方式。艺术家、设计师、科技专家等以各自的专业视角，赋予文物数字艺术展独特的创意和表现形式。他们通过创新的设计、多媒体互动、音乐表演等形式，使黄河文化的展现过程变得更加生动、多样，更能引发观众的共鸣与思考。除此之外，跨界合作推广不仅为黄河文化数字艺术展注入了新的活力和创意，也扩大了观众群体和受众范围。通过与不同领域的合作伙伴共同推广，展览能够吸引更多人的关注和参与，让更多人通过自己熟悉的方式了解黄河文化，提升了文化传播的多元性和影响力。

（四）持续性传播

甘肃黄河文化数字艺术展通过数字化的艺术展览形式，实现了持续性的文化传播。相较于传统的艺术展览，数字化展览不再受限于时间和空间，观众可以随时随地进行观赏，这为黄河文化的持续传播提供了新的可能。数字化展览将文物艺术以数字化的形式呈现，观众可以通过互联网、移动设备等在线平台进行观赏。这使观众不再受限于展览场地的开放时间和地点，可以根据自己的时间和兴趣，随时欣赏展览的内容。无论是在家中、办公室，还是在旅途中，观众都能方便地接触和体验黄河文化数字艺术展。

持续性传播为黄河文化的推广和传承提供了更广阔的平台。通过数字化展览，展览内容可以长期保存于在线平台上，观众可以在任何时间进行观赏。这不仅能吸引更多观众的关注和参与，还能为黄河文化的传承和推广提供长远的影响力。同时，持续性传播促进了观众对黄河文化的深入理解和学习。观众可以根据自己的节奏和需求，反复观看展览内容，深入了解文物的历史背景、文化内涵和艺术价值。数字化展览还可以提供更多的补充资料、解说信息等，帮助观众更全面地认识和欣赏黄河文物。不可否认的是，持续性传播也为黄河文化数字艺术展的推广与合作提供了更多机会。展览内容可以与其他艺术机构、教育机构、媒体等合作，通过在线平台进行联动和共享，扩大展览的影响力和知名度。这种持续性传播模式有助于形成良好的合作生态，推动黄河文化数字艺术展与其他相关领域的交流和合作。

二、创新策展形式

甘肃黄河文化数字艺术展采用了深度互联的创新策展形式，这种创新的策展形式不仅改变了传统的展览方式，也使观众在云端就能进行文化交流，获得不错的观展体验。

（一）深度互联的策展形式

甘肃黄河文化数字艺术展采用了深度互联的策展形式，通过先进的互联网技术将展品以更生动、更具互动性的方式展现给公众。这种创新的策展形式极大地增强了展览的吸引力和观众参与度。其间，观众可以通过展览的在线平台，使用移动设备或电脑进行浏览和检索。他们可以根据自己的兴趣和需求，选择感兴趣的展品进行深入了解。观众可以通过点击、滑动、放大等互动方式与展品进行互动，获取更多的信息和感受。观众还可以根据自己的兴趣和喜好选择参观内容，自由地进行探索。人们可以按照自己的节奏和顺序浏览展品，深入了解每件展品背后的故事和文化内涵。这种个性化的展览体验可以使观众更加投入，增强了他们的参观体验和学习效果。由此可见，在活动过程中，观众可以通过虚拟现实技术，沉浸式地体验黄河的奔流和历史变迁；通过增强现实技术，将文物复原到当时的场景中。这种互动性的展示方式使观众能够亲身参与、感受和体验黄河文物的魅力，深入了解黄河文化的独特魅力。

（二）手绘艺术创作场景

甘肃黄河文化数字艺术展通过手绘艺术创作场景的方式，以全新的形式展现了黄河文化。这种创新的策展形式不仅使观众能够直观地感受黄河文化的魅力，还提升了展览的艺术价值和观赏体验，具体表现在以下三个方面。其一，手绘艺术创作场景为观众呈现了一个独特的视觉世界。艺术家运用手绘技法，使黄河的壮丽景色、文物的精美细节以及历史场景等以绘画的形式得以重现。观众通过这些艺术作品，仿佛置身于黄河河畔，感受浩瀚河水的气势和文化的博大。其二，手绘艺术创作场景不仅具有观赏的功能，还融入了艺术的表现和表达。艺术家通过手绘的方式，以自己独特的视角和艺术语言，诠释了黄河文化的内涵和魅力。手绘作品的细腻和生动，使观众更加真实地感受到了黄河文化的丰富多样性和独特魅力，提升了观展的艺术价值。其三，手绘艺术创作场景激发了观众的想象力和情感共鸣。观众在欣赏手绘作品时，可以自由地联想和感受，将自己的情感与作品融为一体。手绘艺术创作场景通过色彩、线条和构图等元素，唤起观众对黄河文化的情感共鸣，让他们更加深入地理解和体验黄河文化的独特魅力。

第六章　展示：综览中国文化遗产重塑与再现的成果

（三）数字化展览

甘肃黄河文化数字艺术展采用全新的数字化展览形式，打破了传统的物理空间限制，使全球观众能随时随地进行观赏。数字化展览不仅提供了更便捷的访问方式，还实现了更丰富的展示效果，如立体展示、虚拟导览等，极大地丰富了观展体验。在这里，观众可以通过在线平台、移动设备等方式观看展览，无论是在家中、办公室，还是在异国他乡，观众都能随时欣赏黄河文化数字艺术展的精彩内容。借助数字技术，展览还可以实现立体展示，让观众感受文物的立体美；通过虚拟导览，观众可以身临其境地游览黄河的壮丽景色。数字化展览也可以提供高清晰度的图像和视频，使观众能够更清晰地欣赏文物的细节和艺术之美，大大增强了观众观展的视觉享受。除此之外，观众还可以根据自己的兴趣和需求自由选择观看的内容，自主探索展览。他们可以通过交互式界面与展品进行互动，获取更多的信息和知识。数字化展览还可以提供个性化的导览和推荐，根据观众的兴趣和偏好进行内容推送，使观众的参与度更高。

（四）以主题为导向的策展形式

甘肃黄河文化数字艺术展以"一河万里""一河千年"和"一河安澜"为主题，采用以主题为导向的策展形式，使展览具有更强的目标性和针对性，能够更好地引导观众了解和理解黄河文化。

该策展形式以明确的主题为导向，围绕黄河的特点、历史、文化等方面展开，将文物和艺术作品有机地融入其中。主题的设定有助于观众更加清晰地把握展览的核心主线，更好地理解和体验展览的内容。其中，以"一河万里"为主题，观众可以从中感受黄河作为中华民族母亲河的伟大意义，感受景观的辽阔和壮丽；以"一河千年"为主题，观众可以深入了解黄河承载的丰富历史和文化遗产；以"一河安澜"为主题，观众可以领略黄河为人们带来的和平与繁荣。这些主题能够唤起观众对黄河文化的情感共鸣，使观众更加深入地参与和体验展览。在主题展览活动中，观众可以根据自己的兴趣和偏好，选择与主题相关的展品进行深入了解。他们可以通过展览的导览和解说，更加系统地了解黄河文化的方方面面。主题的设定使展览内容更加聚焦和明确，帮助观众更好地获取知识和体验文化。

三、保护和传承黄河文化

此次云展览的举办,对于推动黄河文化的保护、传承与弘扬起到了很好的促进作用。通过展示黄河的地理风貌、文明发展历程和沿黄的建筑、美食、民俗等,可以使人们更好地理解和认识黄河文化,从而更有力地保护和传承这一重要的文化遗产。

(一)利用数字化技术对黄河文化进行保护

甘肃黄河文化数字艺术展利用数字化技术对黄河文化进行保护,这对于文物遗产的保护具有重要意义。数字化技术能够精确记录和复制黄河文化的具体形态,以确保即使在文物受损或破坏的情况下,人们依然能详细了解其内容和价值。

在具体操作过程中,通过高分辨率的图像扫描和三维重建技术,文物的细节和特征得以准确记录下来。这样一来,即使文物遭受自然灾害或人为破坏,其重要信息和价值仍能通过数字化技术保存下来。数字化记录不仅能提供文物的外观形态,还能保存相关的历史背景、文化内涵和艺术价值等重要信息。通过虚拟现实、增强现实技术,观众可以身临其境般地欣赏文物,同时避免文物因频繁的实物展示而出现损伤。虚拟展示能够精确再现文物的细节和环境,为观众提供更加丰富、全面的展览体验。这些充分说明了通过数字化技术,黄河文化的信息和知识能够以更直观、易传播的方式呈现给公众。数字化展览提供了在线平台和移动应用程序,使观众可以随时随地访问和学习黄河文化。这种传承方式不仅使文物的知识和价值得到传播,还激发了公众对黄河文化的兴趣和关注。

(二)利用云展览方式对黄河文化进行传播

甘肃黄河文化数字艺术展采用云展览方式进行传播,打破了地域的限制,使全世界的人们都能接触到黄河文化。这种创新的传播方式对于推广黄河文化、提高其影响力具有重要作用。

其间,云展览通过互联网技术将展览内容在线上传播,不受地域和时间的限制。观众无论身处何地,只要有网络连接,就能轻松访问和参观展览。云展

第六章 展示：综览中国文化遗产重塑与再现的成果

览打破了传统展览的地理局限性，让全世界的人们都有机会接触和了解黄河文化，而且云展览的传播方式具有广泛的影响力和可持续性。通过在线平台和社交媒体的推广，云展览能够迅速传播到世界的各个角落，吸引更多观众的关注和参与。观众可以通过转发、分享和评论的方式，将展览内容传播给更多人，从而扩大黄河文化的影响力。更重要的是，云展览还提供了丰富多样的互动体验。观众可以通过在线平台与展览内容进行互动，如观看视频、参与在线讨论、留下评论等。他们还可以通过虚拟现实技术，沉浸式地体验黄河的壮丽景色和文物的魅力。这种互动性的体验可以使观众更加投入，从而增强他们对黄河文化的理解和记忆。还有一点需要高度重视，云展览方式的传播为黄河文化的保护和传承提供了便利。数字化的展览内容可以长期保存在云端平台上，不受时间和空间的限制。这样一来，黄河文化的珍贵遗产就能得到更好地保存和传承，不受实物展览中频繁展示带来的风险影响。云展览还可以与其他机构、学校等合作，形成良好的合作生态，共同推动黄河文化的传播和保护。

（三）新的教育方式对黄河文化传承的作用

甘肃黄河文化数字艺术展通过创新的教育方式，如互动式教育和游戏化学习，吸引更多年轻人了解和学习黄河文化，这对于文化的传承具有重要意义。具体而言，新的教育方式可以激发年轻人对黄河文化的兴趣和关注。互动式教育通过数字技术和互联网平台，提供了更加生动、互动的学习体验。观众可以通过触摸屏幕、点击按钮等方式参与展览，与展品进行互动，获取知识和信息。这种互动式的学习方式使年轻人更加主动地参与其中，提高了他们对黄河文化的学习兴趣。在此期间，游戏化学习是另一种创新的教育方式，通过将学习过程设计成游戏的形式，增加了学习的趣味性和吸引力。在黄河文化数字艺术展中，游戏化学习可以通过谜题、解谜游戏、角色扮演等形式增强展览的趣味性，让年轻人在参观时积极参与各种活动，从而深入了解黄河文化的知识和价值。

另外，新的教育方式还能提升年轻人对黄河文化的理解和记忆。通过互动式教育和游戏化学习，年轻人可以更加深入地体验和感受黄河文化的魅力。他们可以通过参与式学习，亲身体验黄河的奔流、历史的变迁，从而对黄河文化的内涵和意义有更加深刻的理解和记忆，并促使年轻一代更好地传承和弘扬黄河文化。

（四）社区参与保护和传承黄河文化

甘肃黄河文化数字艺术展通过邀请公众参与到黄河文化的保护和传承中，使更多人能够感受黄河文化的魅力，并加深对黄河文化的理解和认同。这种社区参与的模式对于黄河文化的长久发展同样具有重要意义。社区参与是一种民众参与文化保护和传承的方式，通过让公众参与到黄河文化的保护、研究和展示中，使他们亲身体验和参与文化的传承过程。社区参与可以通过各种方式实现，如组织社区活动、开展志愿者工作、开展社区教育等。

通过社区参与，公众可以更加深入地了解黄河文化的价值和意义。他们可以通过实际参与的方式，亲身体会黄河文化的独特魅力。这种亲身体验能够激发公众对黄河文化的兴趣和关注，加深他们对黄河文化的认同感和归属感，并且通过邀请当地居民、艺术家、文化传承者等参与黄河文化的保护和传承工作，以实现知识和技艺的传承。他们可以将自己的知识、技艺和经验分享给年轻一代，帮助他们更好地理解和传承黄河文化。值得高度关注的是，通过黄河文化的保护和传承活动，社区的文化资源得到充分发挥和利用，带动了文化旅游、手工艺品制作、文化创意等产业的发展，为社区的经济增长和就业机会提供了新的动力。

四、黄河文化数字艺术展的作用

通过此次云展览的举办，展示了中华多元一体的文化形态，使人们更深入地认识和理解中华文化，从而增强了民族凝聚力。同时，有助于弘扬民族之魂，对提升国家的文化自信有着重要作用。

（一）增强人们对民族文化的认同感

甘肃黄河文化数字艺术展通过数字化艺术展览提供了一种新的方式体验和理解黄河文化。这种共享的体验和认同感能够促进不同地域、年龄、职业的人们之间的交流和理解，从而增强民族的凝聚力。其原因在于数字化艺术展览通过将黄河文化以数字形式展示给公众，使不同人群能够在虚拟空间中共同体验和感受黄河文化的独特魅力。这种共享体验能够促进人们之间的沟通和交流,无论是年轻人还是老年人,无论是城市居民还是农村居民,都可以通过数字化艺术展览了解和理解黄河文化。这种共同的体验和认同能够打破地域和社会的隔阂,促进不同群体之间的交流和理解。

黄河是中华民族的母亲河,黄河文化是中华民族文化的重要组成部分。通过数字化艺术展览,人们可以更加深入地了解和感受黄河文化的丰富内涵和历史价值,从而增强对自己民族文化的认同感。还有一点不容忽视,即共享文化遗产的认同感还能促进文化多样性的保护和发展。通过数字化艺术展览,不同地区和民族的文化特色得以展示和传承,促进了各民族文化的多样性和独特性。这种多元文化的共享和交流不仅可以增强民族的凝聚力,也可以推动文化的繁荣和发展。

(二)宣传和普及黄河文化

甘肃黄河文化数字艺术展通过云展览的方式,使全世界的人们都能接触和了解黄河文化。云展览以数字化的形式呈现黄河文化,使其以更吸引人、更易接受的方式展现出来,从而大大提高了黄河文化的影响力,进而增强了民族的凝聚力。云展览是一种通过互联网和数字技术实现的虚拟展览形式,它打破了地域和时间的限制,让观众可以随时随地进行文化的体验和欣赏。通过云展览,黄河文化得以在全球范围内普及和宣传,吸引了更多人的关注和参与。云展览以数字化的方式呈现黄河文化,可以通过多媒体、动画、音效等手段,使观众在虚拟空间中体验更加丰富且生动的黄河文化。这种呈现方式吸引了更多人的注意,大大激发了他们对黄河文化的兴趣和好奇心。

另外,云展览除了提供更多的文化知识和信息外,还使黄河文化的宣传变得更加便捷和经济。其中,通过互动式的展览形式,观众可以通过点击、拖动、触摸等方式与展览进行互动,获取更深入的文化知识和信息。这种互动体验能够增加观众的参与感和学习动力,进一步加深对黄河文化的了解和认同。相比于传统的展览形式,云展览不受时间和空间的限制,不需要搭建展览场馆和运输文物,这样不仅节约了成本,也减少了资源的浪费。

（三）增强人们的民族自豪感

甘肃黄河文化数字艺术展通过对黄河文化进行展示和传播，让更多的人了解了黄河文化的独特魅力和价值，从而增强了民族的自豪感和归属感，这对于增强民族的凝聚力具有重要的作用。黄河作为中华民族的母亲河，承载着丰富的历史和文化，通过数字艺术展的方式，黄河文化得以以全新的形式呈现，让更多的人了解和体验。

数字艺术展将黄河文化的精髓和特色以视觉、听觉、互动等方式展现出来，使观众能够感受黄河文化的独特魅力。这种展示方式激发了观众对自己文化传统的自豪感，让他们更加珍惜和重视自己的文化遗产。展览还通过丰富的内容和故事讲述，展示了黄河文化的卓越贡献和发展成就，让观众了解黄河文化的辉煌历史和深远影响。这样的展示方式激发了观众的自豪感，让他们更加自信和自豪地认同自己的民族。同时，展览展示了黄河文化在现代社会中的持续发展和创新，使观众能够看到自己民族在文化传承和创造方面的努力和成果。这样的展示方式进一步增强了观众的自豪感和自信心，使他们对自己的民族产生更加坚定的认同感。

总之，甘肃黄河文化数字艺术展通过展示黄河文化的多样性和包容性，培育了观众对文化的尊重和交流的意识。观众通过参与展览和交流活动，拓宽了自己的文化视野，增强了对自己民族文化的认同，并且能尊重其他民族的文化。这样的文化尊重和交流有助于增强民族的凝聚力，促进民族之间的和谐共处。

参考文献

[1] 郑巨欣,陈峰.文化遗产保护的数字化展示与传播[M].北京:学苑出版社,2011.

[2] 刘光然.虚拟现实技术[M].北京:清华大学出版社,2011.

[3] 王晓芬,王艳贞.文化遗产数字化与虚拟互动展示传播[M].北京:科学出版社,2017.

[4] 金涛,童水光.逆向工程技术[M].北京:机械工业出版社,2003.

[5] 单岩,谢斌飞.Imageware逆向造型技术基础[M].北京:清华大学出版社,2006.

[6] 赵云,王少华,严绍军,等.文化遗产数字化展示研究[M].武汉:中国地质大学出版社,2016.

[7] 贾磊磊.数字化时代文化遗产的保护和展现:中美文化论坛全集[M].北京:文化艺术出版社,2010.

[8] 戴砚亮.融合与建构:文化遗产在数字时代的创新设计与传播研究[M].北京:中国纺织出版社,2020.

[9] 周明全.文化遗产的数字化保护研究:第三届中华文化遗产数字化及保护国际研讨会论文集[M].北京:北京师范大学出版社,2006.

[10] 曹倩倩.敦煌壁画《鹿王本生图》数字化展示设计研究[D].南京:南京邮电大学,2022.

[11] 丰硕.数字媒体在滦州皮影博物馆传播中的创新设计研究[D].无锡:江南大学,2021.

[12] 孙轶男.上海历史建筑遗产数字化视觉转译设计研究[D].上海:上海大学,2021.

[13] 杨佩瑶. 基于民族文化遗产保护视角下的唐崖土司城遗址数字化虚拟重现设计研究 [D]. 武汉：中南民族大学，2020.

[14] 吴琼. 基于 AR 技术的中国山水画实景复原方法研究：以《金陵八景图》为例 [D]. 南京：南京艺术学院，2020.

[15] 主鹏珲. 基于虚拟博物馆的展品艺术性研究 [D]. 武汉：武汉纺织大学，2020.

[16] 董甜甜. 互联网时代中华元素的数字化艺术传播研究 [D]. 南京：东南大学，2019.

[17] 刘红. 文物保护中数字化技术的影像化呈现 [D]. 西安：陕西师范大学，2019.

[18] 高凯. 数字动画表现非遗民间信俗文化的研究 [D]. 福州：福州大学，2019.

[19] 闵薇. 云南沧源岩画数字化传承与应用研究 [D]. 昆明：昆明理工大学，2010.

[20] 刘鑫. 基于城市记忆的工业遗产空间重塑研究 [D]. 邯郸：河北工程大学，2022.

[21] 杨文顺. 少数民族物质文化遗产保护管理模式研究：以丽江古城个案为例 [J]. 黑龙江民族丛刊，2013(3):144—147.

[22] 张俊龙. 让传统文化走出"大山" 上海家纺展将首次进行非物质文化遗产展示 [J]. 纺织服装周刊，2009(28):16.

[23] 毛敬莲，许惠童，袁慧莲. 优质旅游视域下湖南张谷英村文化遗产价值重塑探析 [J]. 西部旅游，2022(6):4—6.

[24] 邓懿. 重塑与变迁：多重视野下申遗和后申遗时期"上舍化龙灯"龙舞表演的身份认同 [J]. 浙江艺术职业学院学报，2022,20(1):140—144.

[25] 陈加晋，卢勇，李立. 美学发现与价值重塑：农业文化遗产的审美转向 [J]. 西北农林科技大学学报(社会科学版)，2021,21(5):137—144.

[26] 张楠，张红娟. 城市更新中的西安市历史文化遗产保护研究 [J]. 安徽农业科学，2011,39(35):93—95.

[27] 刘曙光. 关于 2021 年国际博物馆日"恢复与重塑"主题的外部解读：兼谈

博物馆践行可持续发展理念的国际趋势和中国方向 [J]. 故宫博物院院刊，2021(6):4—10,107.

[28] 徐嘉琳, 王广振. 基于文化创意产业的城市空间再造模式探析 [J]. 人文天下, 2020(15):34—41.

[29] 林琳, 徐芳琳, 齐杰. 基于非物质文化遗产传承的龙泉青瓷产业创新发展路径探究 [J]. 文化创新比较研究, 2022,6(1):111—115.

[30] 任唤麟, 庄道元. 运河文化重塑与运河文旅景观带的构建：以大运河安徽段为例 [J]. 宿州学院学报, 2020,35(5):5—9.

[31] 霍瑜. 重塑地方文旅特色小镇规划的创新思考：以江西葛仙村文旅小镇规划设计为例 [J]. 住宅科技, 2019,39(2):31—34.

[32] 王亚峰, 乌铁红, 郑陈柔雨, 等. 文化遗产管理与草原遗产旅游地形象塑造：基于元上都遗产地游客认知形象的游记文本分析 [J]. 资源开发与市场, 2018,34(1):103—107.

[33] 张胜冰, 臧金英. 基于数字化的海洋文化遗产保护体系的构建 [J]. 集美大学学报(哲社版), 2017,20(1):25—32.

[34] 张永志, 陆飞. 我国铁路文化遗产保护现状及品牌重塑研究 [J]. 长春教育学院学报, 2014,30(18):41—44.

[35] 黄卓. 挖掘城市历史文脉，重塑名城特色 [J]. 城市观察, 2010(3):186—192.

[36] 谷继建, 吴安新, 韩同春. 旱码头丰盛古镇文化遗产保护研究 [J]. 文化遗产, 2012(1):11—17.

[37] 郭爱民, 曹玉宝. 留住历史印迹 重塑文化徽章 山海关古城在文化遗产保护与开发中寻求共赢 [J]. 中国文化遗产, 2009(5):8—17.

[38] 王歌扬. 华夏古乐团编钟古乐的艺术实践与思考——河南博物院无形文化遗产的有形重塑 [J]. 星海音乐学院学报, 2006(3):31—34.

[39] 孟庆英, 郭今萃. 重塑太原历史文化名城 [J]. 中共山西省委党校学报, 2006(2):70—71.

[40] 曲丽丽. 苏南大运河沿线文化景观遗产的保护研究 [J]. 工业设计, 2022(7):143—145.

[41]龚晨.重塑民族地区乡村文化生态的时代价值、现实困境与路径选择[J].贺州学院学报，2022,38(1):19—23.

[42]钟锐,张玉平.历史文化遗产周边环境建筑设计研究[J].建筑与文化，2022(3):184—185.

[43]陈兵,李雪明.广西古建筑营造技艺的文化记忆与现代转型[J].沿海企业与科技，2022(1):70—75.

[44]朱传宇,施玥馨,王玉珏.记忆遗产的历史正义与政治挑战——世界记忆项目发展中的变革与重塑[J].兰台世界，2021(8):21—28,35.

[45]李子晋,尼克布莱恩金斯.跨文化共创设计:数字技术重塑中国传统乐器[J].人民音乐，2021(7):55—60.

[46]杨启瑶.基于"社会价值"的文化遗产景观管理与实践——以澳大利亚亚瑟港历史遗址地为例[J].建筑与文化，2020(11):146—147.

[47]杨勤亮.水网地区历史文化遗产保护与更新问题探析——以平江历史文化街区为例[J].城市建筑，2020,17(30):159—161.

[48]雷燚,汪耀龙,唐刚.村落文化空间解构与重塑——以安溪蓝染为例[J].城市建筑，2020,17(19):50—52.

[49]吕宾.乡村振兴视域下乡村文化重塑的必要性、困境与路径[J].求实，2019(2):97—108.

[50]黄伟,南雁冰.中国加入《保护水下文化遗产公约》的方案探究——以《〈条例〉修订草案》和《公约》的比较与结合为视角[J].边界与海洋研究，2019,4(2):56—73.

[51]徐俊六.当代语境下古镇非遗保护与传承的实践路径——以昆明官渡古镇为研究对象[J].西北民族大学学报(哲学社会科学版)，2019(1):146—152.

[52]林忠玉.试论方志文化对地方文化的作用——以《三坊七巷志》重塑和发展福州三坊七巷文化为例[J].史志学刊，2017(5):59—64.

[53]金磊.如何凸显"遗产日"的文化与自然属性——第一个中国"文化与自然遗产日"的思考[J].城乡建设，2017(13):28—29.

[54]杨主泉.旅游开发对文化遗产保护的影响研究[J].贺州学院学报，

2017,33(1):88—91.

[55] 郑迦文.非物质文化遗产保护的创新模式研究[J].江西社会科学，2016,36(4):242—246.

[56] 詹一虹,龙婷.荆楚非物质文化遗产的生产性保护研究[J].湖北民族学院学报(哲学社会科学版)，2015,33(6):5—11.

[57] 石瑞卿,王生鹏.基于产业化发展视角下的渭源县非物质文化遗产保护与传承分析[J].兰州文理学院学报(社会科学版)，2015,31(6):33—36.

后　记

　　本书在探讨数字化时代下文化遗产历史继承的重要性时，深感其深远的社会影响和较高的学术价值。这一过程从文化遗产的数字化重塑与艺术再现的背景探究开始，经过理论与方法的系统研究，彰显了其在数字时代的价值，关注了技术进步对其产生的影响，探索了虚拟现实在其实践中的重要作用，最后通过实际案例阐述其在中国文化遗产重塑与再现中取得的成果。

　　在详细探讨了文化遗产的数字化重塑与艺术再现的时代背景后，笔者深深意识到，在这个信息化、数字化迅速发展的大背景下，传统的文化遗产保护和传承方式必须适应新的挑战和机遇。数字化重塑与艺术再现为文化遗产的保护和传承提供了新的可能性和空间，将中华优秀传统文化与现代技术相结合，赋予了文化遗产新的生命力。

　　然后，本书研究了文化遗产的数字化重塑与艺术再现的理论支撑与研究方法。在理论探讨过程中，详细归纳了相关理论，并在此基础上进一步探索了新的理论视角和理论框架。在方法研究过程中，本书则重视实践，采用了各种实证研究方法，力图通过实际操作验证理论的真实性和可行性。这一部分的研究使本书在理论和实践上都有了更深入的理解和掌握。

　　本书对数字时代赋能文化遗产价值最大化的深入探讨，使人们更深刻地理解了文化遗产的多元价值。通过数字化重塑与艺术再现，本书实现了文化遗产资源的多视角、多维度、多层次共享，同时，赋予了文化遗产更强的时代生命力，使其在新的时代背景下焕发出新的活力。这种新的形式，不仅改变了人们获取和理解文化遗产的方式，也为这一领域带来了更多的可能性。

　　技术的运用在文化遗产的数字化重塑与艺术再现中扮演了重要角色。本书详细探讨了摄影测量技术、3D数据模型和其他技术创新在文化遗产的数字化

后 记

重塑与艺术再现中的应用。这些技术可以使人们更精准地对文化遗产进行记录、展示和解读，无疑给文化遗产的保护和传承带来了巨大变革。

在探讨虚拟现实技术在文化遗产艺术再现中的应用时，发现虚拟现实技术，包括 AR 技术、VR 技术和人机交互设计，为观众提供了沉浸式的体验，极大地丰富了文化遗产的传播方式和体验形式。这不仅使观众能够更直观、更全面地理解和欣赏文化遗产，也拓宽了文化遗产的传播途径，增强了文化遗产的社会影响力。

本书的最后一章，通过具体的实例展示了中国文化遗产数字化重塑与艺术再现的成果。这些实例展示了各种技术和方法的实际应用和带来的效果，证明了本书的理论研究和方法探索的正确性和有效性。这也使人们深深感受到，文化遗产的数字化重塑与艺术再现对于全面、深入地理解文化遗产、拓宽文化遗产的传播渠道和提高文化遗产的社会影响力具有重要作用。

总的来说，这本专著尝试从多个角度和层面对文化遗产的数字化重塑与艺术再现进行深入研究，希望能为文化遗产的保护和传承提供新的思路和方法。